Usch Luhn

Kleine Meerprinzessin auf großer Fahrt

Ein Vorlesebuch für kleine Nixen

Usch Luhn

Kleine Meerprinzessin auf großer Fahrt

Mit Bildern von Betina Gotzen-Beek

Ravensburger Buchverlag

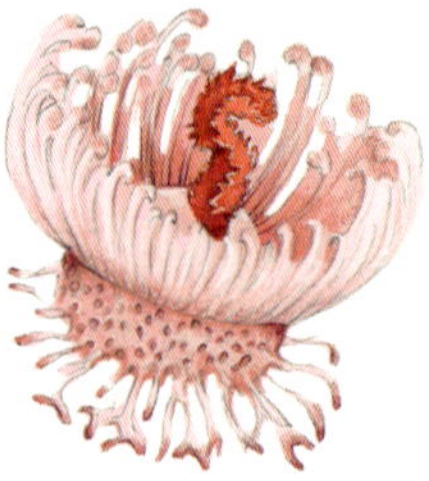

Bibliografische Information der Deutschen Nationalbibliothek:

Die Deutsche Nationalbibliothek verzeichnet diese Publikation
in der Deutschen Nationalbibliografie.
Detaillierte bibliografische Daten sind im Internet
über http://dnb.d-nb.de abrufbar.

MIX
Papier aus verantwortungsvollen Quellen
FSC® C004592

1 2 3 4 15 14 13 12

Umschlag und Innenillustrationen: Betina Gotzen-Beek
Lektorat: Jo Anne Brügmann

Printed in Germany

ISBN 978-3-473-36832-7

www.meerprinzessin.de
www.ravensburger.de

Inhalt

Ein geheimes Schloss im Meer

In einem fernen Ozean, tief unten auf dem Meeresgrund, steht ein prächtiges Schloss. Kein Taucher hat es je entdeckt, denn es liegt gut verborgen hinter einem purpurroten Korallenwald. Dieses geheimnisvolle Schloss sieht ganz besonders schön aus, denn es besteht aus Abertausenden von bunten Muscheln.

An manchen Tagen funkeln die Schalen so hell wie kostbare Edelsteine; dann schwimmen sogar die mürrischen Katzenhaie mit offenem Maul davor auf der Stelle und bewundern den edlen Palast. Das Muschelschloss hat runde Fenster und viele zackige Türme. Darum ranken sich blühende Wasserrosen.

Im Schlossgarten spielen Seepferdchen und Delfine zusammen Fangen. Manchmal jagen sie aus purem Übermut hinter den Putzerfischen her und stören diese bei ihrer Arbeit. Die fleißigen Putzer haben alle Kiemen voll zu tun. Sie sorgen dafür, dass auch die hinterste Ecke des Muschelschlosses sauber bleibt und seine Bewohner immer in frischen Wasserbetten schlafen.

Denn in jedem Zimmer leben kleine Meermädchen.

Die Mädchen gehen im Muschelschloss zur Schule wie ganz normale Kinder an Land. Auf ihrem Stundenplan steht Muschelkunde, sie lernen das große Fischalphabet auswendig und singen gemeinsam mit den Flötenfischen im Chor. Außerdem versorgen sie ihre Seepferdchen liebevoll mit saftigen Wasserrosenblättern und striegeln sie mit weichen Schwämmen, damit sie sich in ihrer Haut richtig wohlfühlen. Am Wochenende lümmeln die Meermädchen entweder gerne in ihren gemütlichen Riesenaustern herum und quatschen viel. Oder sie flechten sich Seetang in ihre Haare und kleben in der Schneckenwerkstatt hübsche Muschelkästchen. Außerdem lieben Meermädchen Sport! Deshalb steht im Schlossgarten eine Tischtennisplatte aus grauem Felsen. Mit ihren Schlägern aus Algen und Fischgräten veranstalten die Mädchen richtige Wassertischtennis-Turniere. Zwischendurch üben sie mit ein paar Schwertfischen Fechten, kraulen mit gut gelaunten Delfinen um die Wette oder galoppieren mit ihren Seepferdchen über die Korallenbänke.

Nur eines gibt es absolut nicht im Muschelschloss: 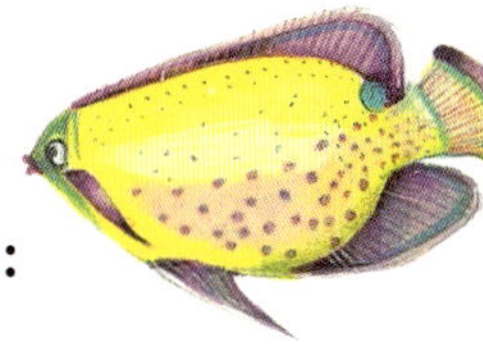
Langeweile!
Und genau aus diesem Grund wohnt im Muschelschloss ein ganz besonderes Mädchen: die Meerprinzessin Pimpinella Ozeana Filomena Petersilie Seestern.

Ganz schön mutig, Pimpinella!

Pimpinella bewegte sich unter Wasser so flink wie ein Fisch. Das war ziemlich erstaunlich, weil sie gar keine waschechte Meerjungfrau war. Sie stammte nämlich aus einem winzigen Fischerdorf und hatte mit ihrer Familie in einem schönen Haus mit vielen Apfelbäumen gewohnt, bis sie in das Muschelinternat umgezogen war. Opa Jost arbeitete auf einem Leuchtturm mitten im Meer, während ihr Vater mit einem riesigen Schiff um die ganze Welt segelte. Oma Ida hatte mit ihrem Obstgarten alle Hände voll zu tun und war von Beruf Krankenschwester. Nur Pimpinellas Mutter Lorelai war eine richtige Meerjungfrau und die einzige Tochter des Wasserkönigs!

Als Lorelai Pimpinellas Vater heiratete, verließ sie das Meer, um für immer mit ihm in dem kleinen Fischerdorf zu leben. Darüber war sie aber gar nicht traurig. Schließlich waren die beiden mit Haut und Flossen ineinander verliebt.

Pimpinella konnte beides: An Land kletterte sie mit flinken Beinen auf Oma Idas Apfelbäumen herum. Und kurze Zeit später tauchte sie auf ihrem Seepferdchen Herkules munter durch die Wellen.

Als Pimpinella herausgefunden hatte, dass sie unter Wasser atmen konnte und mit ihrer Schwanzflosse schneller paddeln als ein Delfin, wollte sie unbedingt das Muschelinternat auf dem Meeresgrund besuchen und alles lernen, was ein echtes Meermädchen wissen muss. Schließlich hatte schon ihre Mutter als kleine Meerjungfrau die Korallenbank der Meeresschule gedrückt.

Eines Tages war es dann endlich so weit gewesen. Im Muschelinternat war ein Platz frei geworden! Auf dem Rücken des Seepferdchens Herkules, das früher ihrer Mutter gehört hatte und das den weiten Weg ins Muschelschloss im Schlaf kannte, war die Meerprinzessin in die Tiefe galoppiert. Pimpinellas Herz hatte vor Freude wie verrückt geklopft und sie hatte bis in den linken kleinen Zeh gezittert – so aufgeregt war sie gewesen! Halt! Natürlich bis in die äußerste Schuppe. Denn unter Wasser verwandelten sich ihre zwei Beine ja in eine prächtige Flosse. Pimpinella hatte sich im Muschelschloss schnell wie zu Hause gefühlt und gar kein Heimweh gehabt.

Mit ihren neuen Freundinnen Dafne und Effi war jeder Tag lustiger als der vorangegangene. Die Meermädchen wohnten mit ihren Lehrern unter einem Muscheldach. Da ging manchmal alles drunter und drüber.
Anders als *oben* im Fischerdorf waren die Lehrer übrigens Fische. Sie hatten sehr ulkige Namen. Pimpinellas Klassenlehrerin hieß Frau Süßlippe und lehrte das Fach Muschelkunde. Sie war ein gutmütiger, molliger Fisch, der leidenschaftlich gerne Muscheln aller Art sammelte und

diese von den Schülerinnen sortieren ließ. Die Sprachlehrerin Fräulein Weißkäppchen brachte den Meermädchen bei, wie man sich mit den vielen Fischen der Wasserwelt unterhielt. Pimpinella war total verblüfft gewesen. Sie hatte nicht gewusst, dass Fische reden konnten. Die ulkige Blubbersprache der Fische zu üben, machte ihr riesigen Spaß. Bald blubberte sie munter mit jeder Flosse, die vorbeikam, ohne sich zu genieren, wenn sie mal eine Vokabel nicht wusste.

Pimpinella hatte Fräulein Weißkäppchen schnell in ihr Herz geschlossen. Sie fand, dass diese der klügste Fisch im ganzen Schloss war. Und der hübscheste! Wenn die Lehrerin nicht gerade mit Fischen herumblubberte, war sie eher schüchtern. Oft schwang sie alleine in der Muschelschaukel im Garten hin und her und träumte einfach so vor sich hin.

Fräulein Weißkäppchen war sehr gut mit dem Sportlehrer Señor Nigri befreundet. Es sah total ulkig aus, wenn die beiden gemeinsam zum Mittagessen schwammen, denn er war

dreimal so lang wie die Lehrerin und konnte viel besser schwimmen als sie.
Señor Nigri war ein Fächerfisch mit scharfen Flossen und wirkte richtig gefährlich. Deshalb hatte sich Pimpinella anfangs ein wenig vor ihm gefürchtet. Aber gleich nach der ersten Fechtstunde hatte sie gemerkt, dass er in Wirklichkeit ganz harmlos und nett war.
Er redete so schnell, dass man oft nur die Hälfte verstand. Das war schade, denn er erzählte total spannende Geschichten aus der Wasserwelt. Bevor er seine Lehrerstelle im Muschelschloss angetreten hatte, war er mit ein paar Ritterfischen durch die Ozeane geschwommen und hatte viele Abenteuer erlebt.
Einmal hatte sich der Fächerfisch, so hatten die neugierigen Meermädchen von ihm erfahren, richtig dumm benommen.

Er hatte um jeden Preis die Liebe eines hochnäsigen Fächerfischfräuleins gewinnen wollen. Um ihr zu imponieren, war er geradewegs in das offene Maul eines Wals geschwommen. Der gereizte Wal hatte ihm wütend ein Stück seiner Rückenflosse abgebissen und das feige Fächerfischfräulein war über alle Korallenberge getürmt. Ganz schön gemein! Señor Nigri hatte allerdings Glück im Unglück gehabt. Weil er noch sehr jung gewesen war, war die Flosse wieder nachgewachsen. Wenn Señor Nigri von seinen Abenteuern erzählte, regte er sich so furchtbar auf, als ob das Ganze erst gerade passiert wäre. Er rollte das *R* wie verrückt und warf mit spanischen Ausdrücken um sich. Dabei verhaspelte er sich so hoffnungslos an seinen eigenen Worten, dass er komplett in seine Blubberblasen eingenebelt wurde und die Meermädchen nur noch die Stacheln seiner Rückenflosse sahen. Man konnte ihn so wirklich ohne Weiteres mit einem ungekämmten Seeigel verwechseln. Kein Wunder, dass die Meermädchen jedes Mal vor Lachen über den weichen Sandboden kugelten und sich die Bäuche hielten.
Ihr Gekicher schallte bis hinauf in den Schlossturm, in dem der Wassermann wohnte. Er war ein alter Freund von Pimpinellas Mutter und hielt ein wachsames Auge auf die Bewohner des Muschelschlosses.

Schneckentorte und Haifischzahnmehl

Das Unterwasserleben im Muschelinternat war wirklich aufregend!
Das Einzige, woran sich Pimpinella einfach nicht gewöhnen konnte, war das Essen.
Besonders die Süßspeisen schmeckten grässlich. Egal, ob es Schneckentorte mit Wassergurkenfüllung gab oder in Rosenzucker getunkte Fischeier – nachdem Pimpinella tapfer einige Bissen hinuntergeschluckt hatte, weigerte sie sich standhaft, mehr davon zu probieren.
Noch ekliger als karamellisierte Wasserspinnen oder die in Schilfwurzelsirup getunkten Spinnennetze, die zwischen den Zähnen hängen blieben, schmeckte der bittere Braunalgenkuchen.

Er wurde aus bröckeligem Haifischzahnmehl und Seeigelmilch zubereitet und blieb auf der Zunge kleben wie Holzleim. Die Meermädchen naschten den schlammigen Algenkuchen am liebsten zusammen mit süßen Algenbällchen.
Igitt! Da verzichtete Pimpinella lieber gleich ganz auf Schleckereien.

Dafür freute sich die Meerprinzessin auf jeden Freitagnachmittag wie ein frisch geschlüpfter Zwergbuntbarsch. Dann gab das Flügelross Madame Karma den Mädchen nämlich Tanzunterricht. Der knallbunte Fisch tauchte jede Woche mit anders gefärbten Schuppen in der Schule auf. Im Augenblick war Madame Karma vom Fischmaul bis zum Schwanz quietschrosa gepunktet und hatte eine knallgrüne Schwanzspitze und eben solche Flossen. Das sah wirklich todschick aus.
Das Flügelross war nicht nur ein ungewöhnlicher Fisch, es hielt sich auch nicht gerne an irgendwelche Unterrichts-

pläne. Madame Karma fand diese nämlich so langweilig wie ungewürzte Schneckengrütze und setzte ihren Schülerinnen lieber spannende Wasserflöhe in den Kopf: eine aufregende Schnitzeljagd bei Dunkelheit oder einen Wettlauf auf den Händen. Ihre allerneueste Idee war ein gemeinsamer Tanz mit Delfinen, den sie mit ihren Schülerinnen für das Sommerfest einstudieren wollte.

Weil sie so extrem eigensinnig war, bekam Madame Karma häufig Ärger mit der Schulleiterin Frau Pataria. Schon wenn diese nur an das Flügelross dachte, begann es in ihrem Kopf zu pochen. Am liebsten hätte sie den verrückten Fisch auf Nimmerwiedersehen ins Korallenlabyrinth gescheucht. Aber Madame Karma war bei ihren Kollegen und den

Kindern sehr beliebt, deshalb behielt die Schulleiterin ihren bösen Plan lieber für sich.
Frau Pataria war die einzige Lehrerin, mit der Pimpinella einfach nicht warm wurde. Die düstere Meerjungfrau war ihr einfach unheimlich. Ob es an ihrer ausgefallenen Kleidung lag?
Frau Patarias Lieblingsstück war ein hässliches schmutziggraues Kleid, das komplett aus Spinnweben bestand. Darin siedelten sich immer mal wieder eine Handvoll Spinnen an, die auf dem Kleid hin und her krabbelten. Dazu trug sie eine Halskette aus echten Seesternen. Ihre hochgesteckten schwarzen Haare schmückte sie am liebsten mit dunkelroten Korallen. Die Zweige sahen aus, als würden sie der Schulleiterin direkt aus dem Kopf wachsen.
Pimpinella taten die armen Tiere extrem leid, aber sie traute sich nicht, laut dagegen zu protestieren.
Zum Glück schwamm Frau Pataria den Meermädchen nicht so häufig vor die Flossen. Denn obwohl sie eine Schule leitete, konnte sie Kinder überhaupt nicht leiden!

Ein ziemlicher Muschelquark

Endlich Freitag! Die Meermädchen waren die ganze Woche so fleißig gewesen wie die Putzerfische. Bevor es endlich Sommerferien gab, mussten noch die allerletzten Klassenarbeiten geschrieben und die Noten verteilt werden.
Frau Süßlippe triezte ihre Schülerinnen diesmal besonders. Ausgerechnet so kurz vor dem Wochenende hatte sie die Quallenagenten kiloweise Muscheln herbeirollen lassen und die Meermädchen dazu verdonnert, diese gewissenhaft nach Farben und Größe zu ordnen. Ganz nebenbei sollten sie dabei auch die schwierigen Namen der Muscheln üben.
Pimpinella hatte einen Vasenschwamm erwischt, der bis zum Rand mit rosafarbenen Muscheln gefüllt war. Das schien auf den ersten Blick ziemlich einfach zu sein. Aber in Wirklichkeit waren die Muscheln nicht einfach rosa. Oh nein!
Sie waren *hell*rosa, *pastell*rosa, *zart*rosa, *alt*rosa, *dunkel*rosa, *purpur*rosa und was es sonst noch für unterschiedliche Rosatöne gab.
Pimpinella machte ein entsetztes Gesicht. Sie verabscheute alles, was rosa war. Viel lieber hätte sie die bunten Muscheln sortiert, die Effi so eifrig zählte. Ihre Freundin saß nämlich

vor einem Berg knallroter, quietschgelber und froschgrüner Muscheln und pfiff so fröhlich vor sich hin, als würde ihr diese Aufgabe richtig Spaß machen.
Ach, wie freute sich Pimpinella stattdessen auf den Tanzunterricht mit Madame Karma. Das Flügelross verströmte rund um die Uhr gute Laune. Selbst wenn man traurig oder miesepetrig war, kam man nach spätestens fünf Minuten aus dem Kichern gar nicht mehr heraus.
Pimpinella stöhnte so laut und gelangweilt vor sich hin, dass Frau Süßlippe, die ganz in den Anblick einer schillernden Kammmuschel versunken war, erschrocken in ihre Richtung blickte. Pimpinella versuchte zu erkennen, ob die Muschel in ihrer Hand perlrosa oder einfach hellrosa war. Keinen blassen Schimmer. Entnervt warf sie die Muschel wieder zurück in den Vasenschwamm. Als sie noch *oben* im Fischerdorf gewohnt hatte, war sie bei

Ebbe oft am Strand herumgestromert, hatte Muscheln gesammelt und sie auf eine Schnur aufgefädelt. Aber seit sie im Muschelschloss wohnte, war ihr der Spaß daran ganz und gar vergangen.

„Na, meine liebe Pimpinella! Warum seufzt du denn so aus tiefem Herzen?“ Frau Süßlippe kam eilig herbeigeschwommen und schaute sie besorgt an. „Tut dir etwas weh? Oder hast du vielleicht Hunger, Herzchen?“

Frau Süßlippe machte ihrem Namen alle Ehre. Sie naschte für ihr Leben gern und war von den Quallenagenten vor Kurzem mitten in der Nacht dabei erwischt worden, wie sie sich über den Nachtisch für den nächsten Tag hergemacht hatte. Essen war neben Muscheln ihr liebstes Hobby.

Pimpinella gab lieber keine Antwort. Mit ihren Muscheln kannte Frau Süßlippe keinen Spaß. Ein falsches Wort, und sie musste nachsitzen oder bekam eine saftige Strafarbeit aufgebrummt. Womöglich würde sie deshalb sogar die Tanzstunde verpassen.

Frau Süßlippe sah ihre Schülerin prüfend an. „Du bist ja ganz blass um die Nase! Warte einen Moment. Zum Glück habe ich immer ein kleines Leckerli in meiner Schublade. Für alle Fälle.“ Sie schwamm eilig zurück zum Pult und kramte in ihrer Schublade herum.

Pimpinella schwante nichts Gutes und sie grübelte krampfhaft nach einem schlüssigen Grund für ihr Stöhnen. Aber es war zu spät.

Frau Süßlippe kam bereits freudestrahlend mit einem Riesen-

stück schleimigem Braunalgenkuchen zurück. „Hier, meine Liebe“, sagte sie mütterlich. „Stärke dich erst einmal mit einem kleinen Bissen. Du kannst auch gerne alles aufessen, denn ich habe gesehen, dass es diesen köstlichen Kuchen heute zum Mittagessen gibt“, sagte sie großzügig.
Sie reichte Pimpinella das kandierte Spinnennetz, in dem sie den Kuchen aufbewahrt hatte, wie eine kostbare schwarze Perle.
Nun wurde Pimpinella tatsächlich schlecht. Braunalgenkuchen konnte sie nicht einmal essen, wenn sie drei Tage gehungert hatte. Allein der scheußliche Geruch der Algen verursachte Übelkeit bei ihr.

„Vielen … D-d-dank, Frau Süßlippe“, stammelte sie und suchte verzweifelt nach einer Ausrede. „Aber ich habe bestimmt keinen Hunger, ganz sicher nicht. Ich habe … ich hatte … ich will … bitte … nicht … bitte kein Braun-al-gen-kuchen!“

Pimpinella drehte sich Hilfe suchend nach ihren Freundinnen um. Dafne und Effi fiel doch sonst immer eine geniale Ausrede ein. Die meisten Meermädchen in ihrer Klasse wussten, dass sie Braunalgenkuchen hasste wie vergammelten

Schneckenschleim. Einige von ihnen konnten sich nicht zurückhalten und kicherten mitleidig los.

„Na, nun zier dich nicht, mein Schatz! Iss nur!"
Frau Süßlippe lächelte sie aufmunternd an.
Pimpinella schüttelte verzweifelt den Kopf.
Da schritt Frau Süßlippe zur Tat und nahm einen Brocken in die Flosse, um ihn dem Meermädchen in den Mund zu stecken.
Pimpinella presste die Lippen ganz fest zusammen und schloss vor Schreck ihre Augen.

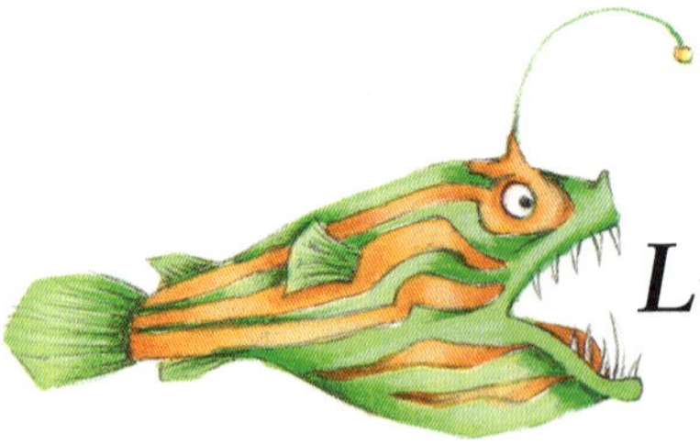

Lügen haben kurze Flossen

„Halt!“ Effi schrie so laut, dass Frau Süßlippe verblüfft ihre Flosse sinken ließ.
„Was ist denn los, Effi?“, fragte sie äußerst ungehalten.
„Du siehst doch, dass deine Mitschülerin vor Hunger fast von der Flosse kippt.“
Effi schüttelte aufgebracht den Kopf. „Aber Nella kippt nicht vor Hunger um, Frau Süßlippe. Nicht vor Hunger …“ Sie stieß Dafne, die direkt neben ihr saß, mit dem Ellbogen an.

„Nein, nicht vor Hunger“, ergänzte Dafne. „Ehrlich.“
Sie machte mit, obwohl sie keinen blassen Schimmer hatte, worauf Effi hinauswollte.
„Die Wahrheit ist, dass Pimpinella sich den Magen verdorben hat, weil sie sich heute Nacht heimlich mit dem frischen Braunalgenkuchen vollgefuttert hat, den Herr Kugelfisch gebacken hat. Wir haben sie nämlich erwischt, als sie aus der Küche gepaddelt ist“, fuhr Effi fort und zwinkerte Dafne auffordernd zu.
Dafne bemühte sich, ein Grinsen zu verbergen. Sie setzte ein möglichst betrübtes Gesicht auf und nickte eifrig. „Ja, genau.

Und deshalb finden wir es jetzt ziemlich gemein, dass sie noch mehr davon kriegt. Bestimmt ist mittags nicht mehr genug für alle da."

Frau Süßlippe zog eine Augenbraue hoch und guckte empört. „Das ist ja frech!" Sie schob sich das Stück selbst in den Mund und kaute aufgeregt darauf herum. „Nutzt meine Großzügigkeit aus und spielt mir die Kranke vor."

Sie fuchtelte mit dem Spinnennetz vor Pimpinellas Gesicht herum und aß den restlichen Braunalgenkuchen in Höchstgeschwindigkeit auf. „Zur Strafe fällt für dich heute Mittag der Nachtisch aus", ordnete sie an.

„Eigentlich sollte ich dein Vergehen der Schulleiterin melden", fuhr sie fort. „Aber ich will noch einmal gnädig sein. Wir alle haben unsere Schwächen. Ich werde jedoch in Zukunft ein Auge auf deinen Teller halten." Sie räusperte sich ein wenig. Vielleicht erinnerte sie sich in diesem Moment wieder an ihren eigenen nächtlichen Nasch-Ausflug.

„Pimpinellas Portion wird zwischen Effi und Dafne aufgeteilt und …", sie zögerte kurz, „ein winziges Stück kriege ich natürlich auch ab, weil ich ja fast auf deine Lügengeschichte hereingefallen wäre." Sie guckte möglichst streng. „Lügen haben kurze Flossen."

Frau Süßlippe schwamm an die Tafel und ließ ihren Blick zufrieden auf den gesenkten Köpfen der Meermädchen ruhen. Bestimmt glaubte sie, dass ihre Standpauke auch den anderen Schülerinnen in die Schuppen gefahren war. Darin täuschte sich die Lehrerin allerdings gewaltig.

Die Mädchen hatten sofort kapiert, dass Effi und Dafne die Geschichte von Fischmaul bis Schwanzflosse erfunden hatten. Sie verhielten sich jetzt aber so still wie ein Buntbarschschwarm im Haifischtal, um Effi, Dafne und Pimpinella nicht durch ihr Gelächter zu verraten.

„Wie ihr alle wisst, bin ich selbst ja auch eine ganz Süße", fuhr Frau Süßlippe mit sanfterer Stimme fort. Dabei lachte sie über ihren eigenen Scherz. „Aber man muss sich beherrschen können. Auch wenn es schwerfällt." Sie lächelte gütig. „Nun, Pimpinella? Möchtest du mir und deinen Mitschülerinnen etwas sagen?"

Pimpinella war mittlerweile nicht mehr blass, sondern knallrot. „Es tut mir leid!", piepste sie. „Es kommt bestimmt nie wieder vor."

Frau Süßlippe nickte versöhnt. Sie war zum Glück nie lange sauer. „Das hoffe ich, mein Kind. Gierig sein ist eine ganz schlimme Eigenschaft."

Sie schaute auf die Sanduhr. Der Unterricht war in zehn Minuten zu Ende. „Heiliger Austernschatz! Schaut mal auf die Uhr, Kinder", rief sie. „Schon so spät! Gleich gibt es ein leckeres Mittagessen. Es steht heute Schlangenkopfeintopf auf dem Speiseplan, hat mir der Koch verraten, hmmm, lecker!" Sie schmatzte voller Vorfreude.

„Wir machen jetzt einfach Schluss", beschloss sie und klatschte in die Flossen. „Ich werde schon in den Speisesaal vorausschwimmen und zusehen, dass ich noch etwas von dem Braunalgenkuchen abkriege. Wer weiß, wie viel unser

Leckermaul Pimpinella bereits aufgefuttert hat. Bitte rollt die Vasenschwämme ordentlich an die Wände, damit die Putzerfische den Muschelstaub aufsaugen können. Schönes Wochenende." Sie schnappte sich eilig ihre Handtasche und stürzte aus dem Klassenzimmer.

„Sagt mal, habt ihr nicht alle Schuppen unter dem Pony?", rief Pimpinella empört in Effis und Dafnes Richtung, sobald Frau Süßlippe verschwunden war. „Was erzählt ihr denn für Lügengeschichten über mich?"

Effi kicherte. „Von wegen Lügengeschichte. Wir haben dir

gerade die Schwanzflosse gerettet, Süße. Diesen klebrigen Leckerbissen Braunalgenkuchen hättest du garantiert nicht überlebt."

Ein paar Meermädchen lachten schallend. Sie mühten sich mit den schweren Vasenschwämmen ab und wuchteten sie gemeinsam gegen die Muschelwände.

„Nee, bestimmt nicht", pflichtete Dafne Effi bei. „Und heute Mittag meckert sicher niemand, wenn du nicht aufisst."

Pimpinella war nicht überzeugt. „Aber das ist doch total peinlich", jammerte sie. „Jetzt hat Frau Süßlippe eine ganz falsche Meinung von mir. Ich lasse mich lieber gar nicht im Speisesaal blicken, sie erzählt das sicher überall herum. Schlangenkopfeintopf mag ich sowieso nicht."

Sie war enttäuscht, weil sie gehofft hatte, dass es heute wie fast jeden Freitag Wasserrosenpfannkuchen oder wenigstens gebackene Wasserlilienwurzeln geben würde.

Dafne zuckte mit den Achseln. „Und wenn schon. Das Süßlippchen ist doch selbst total gefräßig."

„Wenn du ehrlich gesagt hättest, dass du ihren Muscheltick doof findest, wäre sie bestimmt eingeschnappter gewesen", gab Effi zu bedenken.

„Oder ganz traurig", mischte sich Mari ein. „Sie liebt ihre Muscheln nämlich über alles. Ihre Lieblingsmuschel nimmt sie sogar abends mit ins Bett."

Das kleine Meermädchen war erst seit Kurzem in Pimpinellas Klasse, denn sie war eigentlich ein ganzes Jahr jünger. Aber weil sie so gute Noten hatte und auch sonst ziemlich

pfiffig war, hatten Frau Pataria und der Wassermann entschieden, dass sie ein ganzes Schuljahr überspringen durfte. Seitdem hing sie wie eine Wasserwurzel an dem Freundinnen-Kleeblatt Pimpinella, Dafne und Effi und wollte unbedingt die Vierte im Bunde werden.

„Was redest du für einen Quatsch?“, sagte Dafne ärgerlich. Sie war meistens genervt von dem vorlauten Wasserfloh.

„Doch, das stimmt ganz sicher!“, verteidigte sich Mari eifrig. „Ich habe es im Lehrerzimmer erlauscht, als ich die

Klassenstufenprüfung machen musste. Sie hat es Madame Karma erzählt."

Dafne guckte nicht besonders überzeugt. „Muschelquark", murmelte sie und griff nach ihrer Schultasche.
Aber Pimpinella lächelte Mari an. „Vielleicht hast du wirklich Recht. Das nächste Mal pass ich besser auf."
Die Flötenfische pfiffen zur Mittagspause.
Hungrig schossen die Meermädchen Richtung Speisesaal.
Alle außer Pimpinella. Die wollte sich die Zeit bis zur Tanzstunde lieber ganz woanders vertreiben.

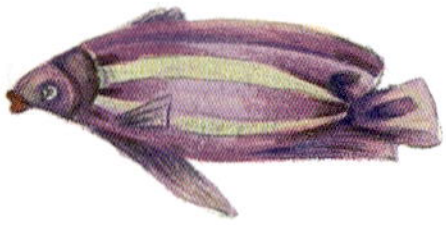

Stallgeflüster bei den Seepferdchen

Pimpinella lag auf einem Haufen Seegras und bürstete den Hals ihres Seepferdchens Herkules. Liebevoll umarmte sie ihn und drückte ihn ganz fest an sich.

Wer so ein Seepferdchen besaß, musste nie mehr Angst haben, verloren zu gehen. Seepferdchen fanden immer wieder zu ihrem Besitzer und nach Hause zurück. Wenn Pimpinella Sehnsucht nach ihrer Familie hatte, brachte Herkules sie sicher an Land und holte sie dann auch zuverlässig wieder ab, um sie zurück ins Muschelschloss zu bringen. Pimpinella vertraute ihrem Seepferdchen blind.
„Du bist mein liebster Schatz!" Sie holte ein Büschel frische Wasserrosenblätter aus

einem Schwammeimer und fütterte ihn damit. „Mmmmh, das ist aber lecker.“

Herkules schmatzte so voller Genuss, dass Pimpinellas Magen plötzlich laut zu knurren anfing. Sie zupfte ein zartes Blatt aus dem Büschel heraus und begann, vorsichtig darauf herumzukauen. Schmeckte gar nicht so schlecht. Sie holte Nachschub aus dem Eimer und stopfte sich eine ganze Blüte in den Mund.

Herkules wieherte etwas ungehalten und rupfte ihr den Stängel aus den Zähnen. „Keine Sorge, mein Dickerchen, du kommst schon nicht zu kurz.“ Pimpinella kicherte schuldbewusst. „Ich fresse, äh, ich meine esse dir schon nicht deine Mahlzeiten weg. Wollte bloß mal testen, was du so frisst.“ Eilig reichte sie ihm noch ein paar Blätter.

„Juchuh, Nella, bist du heute gar nicht beim Mittagstisch?“ Pimpinella drehte sich überrascht um.

Madame Karma, die Tanzlehrerin, schwänzelte fröhlich durch den Stall und linste neugierig in die herumstehenden Vasenschwämme.

„Hallo, Madame Karma“, antwortete Pimpinella froh. „Ich freue mich schon ganz doll auf die Stunde!“

Sie hatte keine große Lust zu erklären, warum sie nicht mit ihren Freundinnen zusammen im Speisesaal war, aber zum Glück war Madame Karma nicht der Fisch, der ewig nachbohrte.

Madame Karma wackelte mit den Seitenflossen, was so etwas wie Zustimmung bedeutete. „Ich sehe, dass du lieber

Wasserrosen isst“, sagte sie und blinzelte ihrer Schülerin zu. „Ich kann dir versichern, dass diese Rosen auch sehr viel gesünder sind als die verkochten Schlangenköpfe, die unser Kugelfisch heute zubereitet hat.“
Sie verschwand in einem tiefen Vasenschwamm. „Hast du Thomas heute schon getroffen?“, tönte es aus dem Inneren heraus. „Ich war bereits vor einer Stunde mit ihm verabredet. Ich brauche nämlich ganz dringend frisches Futter für unsere Delfine. Sie können jede Sekunde ankommen und

dann sind sie bestimmt so hungrig wie wilde Haie. Schließlich ist der Weg vom Felseninternat bis zum Muschelschloss sehr weit und beschwerlich. Ich bin so froh, dass sie bei uns mitmachen."

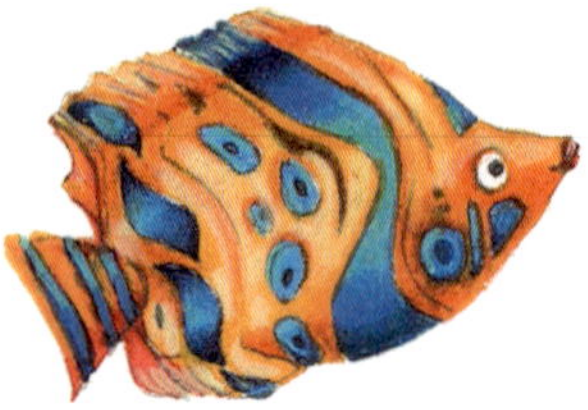

Pimpinella quiekte vor Freude wie eine junge Pferdehofmuschel. „Ist das wahr?", kreischte sie und trommelte mit beiden Fäusten auf Herkules' Rücken. „Kommen Tuula und Aurelia schon heute? Tanzen wir dann nachher alle zusammen? Darf ich diese Nacht bei Tuula im Stall schlafen? Ich habe sie schon sooo lange nicht mehr gesehen." Sie warf ein paar Handvoll Seegras in die Luft.
Herkules zupfte Pimpinella zärtlich, aber bestimmt am Ohrläppchen. Vermutlich wollte er ihr damit sagen, dass sie diesen Unsinn gefälligst lassen sollte.
„Habe ich das gar nicht erzählt?" Madame Karmas Maul tauchte wieder am Rand des Vasenschwamms auf. „Und natürlich kommen auch Puk und Peng mit."
Pimpinella holte tief Luft und stieß einen wilden Freudenschrei aus. Dann hüpfte sie wie ein Wasserfloh durch den Stall und schlug Purzelbäume.
Herkules schnaubte und verzog sich lieber in eine andere Stallbox. Seepferdchen sind nämlich ziemlich geräuschempfindlich.
„Hallihallo, was bin ich froh, euer Thomas ist da, tirallala!" Wenn Pimpinellas guter Freund Thomas so einen Unsinn daherreimte, hatte er hundertprozentig ein schlechtes Gewis-

sen. Und wirklich: Der Vampirtintenfisch war so purpurrot wie ein armer gekochter Hummer.
„Thomas! Endlich!“ Madame Karma nickte ihm erleichtert zu. „Ich brauche dringend Futter für unsere Gäste.“
Thomas stieß einen Schwall rote Farbe aus seinen Tentakeln und nebelte Pimpinella und das Flügelross für einen kurzen Moment total ein.
„Mein liebstes Karmalein“, säuselte er. „Es tut mir ja so leid. Ich weiß wirklich nicht, wie es passiert ist, aber … ich träumte so fein, im Bettelein, da schlief ich ein, kann das denn sein …“ Er schluchzte laut auf und nahm all seinen Mut für ein Geständnis zusammen. „Und deshalb bin ich gerade erst aufgewacht und habe das Futter noch gar nicht bei Doktor Achilles abgeholt.“
Vor Scham darüber, dass er verschlafen hatte, schlug er alle acht Fangarme gleichzeitig um sich herum und verknotete sich dabei ganz fürchterlich. Wie eine hilflose kleine Krabbe kugelte er quer durch den Stall.

Rosa Herz und dicke Lippe

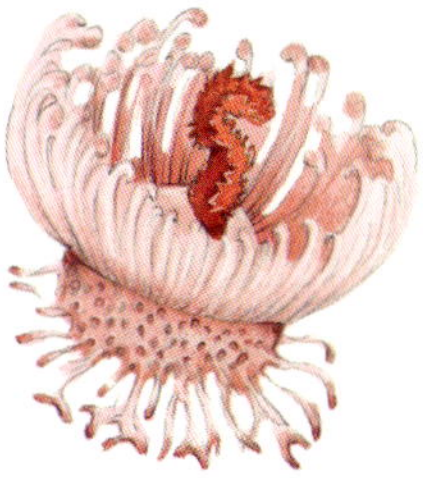

„Zu Hiiiiilfe“, quietschte er ängstlich und pustete eine weitere Ladung roter Tinte aus seinen Tentakeln. Pimpinella sauste ihm hinterher und half eilig, die vielen Arme wieder zu entwirren. „Jetzt reg dich doch nicht so auf, Thomas“, sagte sie beschwichtigend. „Schwimm schnell zum Doktor in den Turm und hol das Futter. Aber pass schön auf, dass du nicht wieder hinfällst. Versprochen?“ Sie drückte ihm einen lauten Schmatz auf die Stirn.

Der Vampirtintenfisch wechselte daraufhin augenblicklich die Farbe und wurde vor Verlegenheit so knallpink wie Madame Karma. Aus seinen Tentakeln entwich ein knalliges Rosa und formte ein großes Herz, das durch das Stallgebäude schwebte.

„Tolle Farbe!“, rief das Flügelross entzückt. „Mit unseren gleichfarbigen Kostümen würden wir bei einem Maskenball garantiert den ersten Preis gewinnen!“ Es hockte sich auf Thomas’ fünften Fangarm und sah ihn prüfend an. „Ich glaube, wir machen schnell eine kleine Entspannungsübung. Du bist ja wieder entsetzlich nervös, mein lieber Freund.“

Madame Karma hob die Flossen und befahl: „Guck zu und

mach es einfach nach. Arme heben und einatmen.“ Sie senkte ihre Flossen. „Arme senken und ausatmen.“ Ihre Kiemen bewegten sich langsam und gleichmäßig.

Thomas ließ alle acht Fangarme gleichzeitig in die Luft schnellen und blähte sich so doll auf, dass er aussah, als würde er jeden Moment platzen. Madame Karma, die immer noch auf seinem fünften Tentakel gesessen hatte, wurde dabei quer durch den Stall geschleudert.

Pimpinella, die ebenfalls ihre Arme gehoben hatte, ließ sie erschrocken fallen. „Madame Karma“, rief sie ängstlich und sah sich suchend um. „Ist alles okay mit Ihnen?“
Einen Moment lang war es mucksmäuschenstill. Dann sagte Madame Karma mit klarer Stimme: „Alles im Lot. Aber ich glaube, ich kriege eine dicke Lippe!“
Das arme Flügelross hatte sich sein empfindliches Maul an einer Riesenauster gestoßen, die Frau Pataria manchmal als Kutsche benutzte und die im Stall untergestellt wurde, wenn sie nicht gebraucht wurde.
„Ojeeeemineh!“ Thomas wurde dunkelblau vor Mitleid. „Ich richte wirklich nur Unsinn an.“ Er verließ mit hängenden Fangarmen den Stall, um das Spezialfutter für die Delfingäste zu holen.
Madame Karma kicherte ihm gutmütig hinterher. „Diessser Thomasss issst wirklich ein Tollpatsch“, sagte sie. „Aber total sssüß. Ich habe ihn wirklich gern.“ Sie lispelte plötzlich heftig, was daran lag, dass ihre Lippe von Minute zu Minute dicker wurde.
„Ich glaube, Doktor Achilles sollte mal einen Blick auf Ihre Lippe werfen“, schlug Pimpinella besorgt vor.
„Eine sssehr gute Idee!“, antwortete Madama Karma.
Pimpinella begleitete das Flügelross bis zum Eingang der Krankenstation. „Ich schwimme mal nach draußen vor das Schlosstor. Vielleicht tauchen ja Tuula und die anderen Delfine inzwischen auf“, sagte sie, bevor sie Madame Karma den fürsorglichen Flossen des Doktorfisches überließ.

Tuula war ein ganz kleiner Delfin und von ihrer Mutter Aurelia im Muschelschloss geboren worden. Puk und Peng waren die schnellsten Delfine der Wasserwelt und hatten schon viele Preise gewonnen. Alle vier Delfine waren im Felseninternat zu Hause, der Schule, in der die Wasserjungen wohnten.

Die Meermädchen und die Wasserjungen waren gut miteinander befreundet, auch wenn sie sich nur in den Ferien oder zu Sportwettkämpfen trafen. Peng war Nicks Reitdelfin und Puk gehörte Floris. Pimpinella fand es riesig nett von den Wasserjungen, dass sie ihre Delfine einfach so losschickten. Denn sie selbst mussten ja noch eine ganze Woche die Korallenschulbank drücken, genauso wie die Meermädchen.

Pimpinella schwamm aufgeregt vor dem Schlosstor hin und her und ging damit dem Quallenagenten, der dort eigentlich Wache schieben sollte und ein gemütliches Mittagsschläfchen eingeplant hatte, entsetzlich auf die Nerven.

Aber sosehr die Meerprinzessin auch Ausschau nach den Tieren hielt: Noch war nicht die kleinste Delfinflosse in Sicht.

Post aus dem Felseninternat

Dank der giftgrünen Zaubersalbe, die der Schularzt aus seinem streng geheimen Medizinschrank geholt hatte, schwoll die Lippe des Flügelrosses so weit ab, dass es wieder ganz normal sprechen konnte.
„Ach, mein lieber Achilles, vielen Dank!“ Madame Karma strahlte. „Ihre Medizin hat immer ganz besonders schöne Farben. Diese hier passt wunderbar zu meinem Schuppenkleid. Finden Sie nicht auch?“
Doktor Achilles musste in sich hineinlächeln. Er nickte zustimmend. „Da haben Sie Recht, meine Gnädige.“ Er deutete einen eleganten Flossenkuss an. „Kommen Sie bald wieder, aber bitte nicht als Kranke. Ihre Kostüme bezaubern mich immer wieder neu.“ Er hielt ihr mit der Flosse höflich die Tür auf.
Madame Karma tänzelte lächelnd hinaus ins Treppenhaus. Dort wartete bereits Pimpinella auf sie.
„Ich habe alles mitgehört.“ Pimpinella kicherte. „Ich glaube, der Doktor ist verknallt.“
Madame Karma sah ihre Schülerin überrascht an. „So? Das habe ich gar nicht mitbekommen. In wen denn?“

Pimpinella quietschte fröhlich. „Ach, dann denken Sie doch mal genau nach."
Madame Karma schüttelte vorsichtig ihren Kopf. „Keine Ahnung", antwortete sie.
Pimpinella kicherte wieder. „Gleich schwimmen wir an der Spiegelmuschelwand vorbei. Wenn Sie da hineinschauen, dann sehen Sie, in wen er sich verguckt hat."
Madame Karma schwieg verwirrt. Sie schien angestrengt über das nachzudenken, was Pimpinella gesagt hatte. Plötzlich stieß sie einen spitzen Schrei aus und ihre pinke Hautfarbe wurde einen Ton dunkler. „Pimpinella!", rief sie empört. „Was redest du denn da für einen Unsinn? Das ist

völliger Schneckenschleim. Wenn das die kleinste Muschel hier im Schloss mithört, dann verbreitet sich dieser Quatsch wie ein Algenteppich." Sie zappelte hektisch mit ihrer Schwanzflosse. „Wir müssen uns beeilen. Die Tanzstunde hat längst begonnen."

Die anderen Meermädchen warteten schon ungeduldig auf ihre Tanzlehrerin, und die Flötenfische übten bereits fleißig die Melodien, die ihnen Madame Karma vorgesummt hatte und nach denen die Meermädchen ihre Tanzschritte einstudieren wollten.
„Du hast echt nichts verpasst, Nella", rief Effi, als Pimpinella zusammen mit Madame Karma in den Tanzsaal paddelte. „Der Schlangenkopfeintopf schmeckte aufgewärmt

und Mari wurde von einer komischen Spinne gezwickt. Jetzt hat sie einen ganz dicken Finger."

„Die Spinne ist aus Frau Patarias hässlichem Kleid geflüchtet", ergänzte Dafne. „… und Frau Süßlippe hat den ganzen Kuchen alleine aufgemampft."

Pimpinella wollte lieber nicht an die unglückliche Schulstunde erinnert werden und wechselte eilig das Thema. „Wisst ihr schon, dass die Delfine bereits auf dem Weg zu uns sind? Ab heute können wir alle zusammen für unser Sommerfest üben!", rief sie in die Runde.

Unter den Meermädchen brach lauter Jubel aus.

Effi klopfte sich begeistert auf ihre Schwanzflosse. „Heiliger Haifischzahn", brüllte sie. „Super Nachrichten!" Sie umarmte Pimpinella stürmisch. „Wann kommen sie denn?"

In diesem Moment erklang ein ohrenbetäubendes, fanfarenähnliches Geräusch.

Der Vampirtintenfisch Thomas kugelte in den Tanzsaal.

Er fuchtelte aufgeregt mit seinen Fangarmen und ließ regenbogenfarbene Blasen aus seinen Tentakeln aufsteigen.

Schließlich blieb er abrupt stehen und salutierte mit Fangarm Nummer vier. Dazu sprach er feierlich ein Gedicht:

Hurra, hurra, die Delfine sind da.
Wir freuen uns ganz muschelig,
denn jetzt wird's richtig kuschelig.
Wir tanzen, bis die Muscheln krachen,
dann haben alle was zu lachen.

Vierstimmiges Delfingeklapper schallte in den Tanzsaal. Mit winkenden Flossen glitten die Delfine herein und verbeugten sich artig vor Madame Karma.
„Tuuuuuuula!“, schrie Pimpinella auf und stürzte sich glücklich auf den kleinsten Delfin. „Du bist aber gewachsen!“ Sie vergoss eine kleine Freudenträne, weil sie den Delfin endlich wieder umarmen durfte.
Nach Tuulas Geburt hatte Pimpinella mitgeholfen, das Delfinbaby zu füttern und zu versorgen. Aber weil die Delfinmutter Aurelia eigentlich Professor Patros, dem Schuldirektor des Felseninternats, gehörte, waren Mutter und Kind einige Wochen später zu den Wasserjungen zurückgekehrt. Pimpinella war deshalb sehr traurig gewesen. Umso mehr

freute sie sich nun, beide wiederzusehen. Und natürlich auch Puk und Peng. Der Wasserjunge Nick hatte ihr in den letzten Ferien beigebracht, auf Peng zu reiten. Ob sie sich immer noch traute?

„Guck mal, Nella. Peng hat eine Nachrichtenmuschel umgebunden!“, rief Mari. Ihren scharfen Augen entging einfach

nichts. Bevor Pimpinella die Seetangkordel lösen konnte, hatte Marie die Schnur schon aufgedröselt. „Bitte, für dich, Nella!“, sagte sie und überreichte Pimpinella grinsend die Muschel. „Da steht dein Name eingeritzt. Ist die Muschel von Nick? Was steht denn drin?“
Dafne stöhnte laut auf. „Sag mal, du Babyröhrenwurm. Neugierig bist du anscheinend gar nicht, oder?“
Mari strahlte. „Doch, ich bin superneugierig. Meine Mama sagt, ich bin neugieriger als ein ganzer Schwarm Späherfische.“

Dafne verdrehte die Augen. „... und deine Mutter hat echt Recht. Gegen dich sind Seemotten noch angenehme Zeitgenossen. Wenn du nicht bald deinen vorlauten Rüssel hältst, dann mache ich Flossenpudding aus dir."
Madame Karma mischte sich schlichtend ein. „Jetzt ist Schluss mit dem Zank. Der Muschelbrief geht uns keine kleine Schuppe etwas an, er ist nur für Nella. Wenn sie Lust hat, wird sie uns schon erzählen, was darin steht. Aber jetzt wollen wir erst mal mit einem Tänzchen beginnen."

Wenn die Flötenfische flöten

Madame Karma klatschte mit den Flossen einen flotten Takt und drehte sich dazu im Kreis. „Ihr lieben Flötenfische, seid ihr bereit?“, fragte sie strahlend.
Die Flötenfische begannen sogleich, mehrstimmig eine lustige Melodie zu flöten.
Die Meermädchen fassten sich an den Händen und wackelten mit ihren Schwanzflossen. Dann verbeugten sie sich höflich voreinander und begannen ihren Tanz. Sie schwebten wie Wasserrosenblätter durch den Saal und wiegten sich dabei im Klang der Flötentöne.
Die Delfine klapperten begeistert mit ihren Mäulern.
„Macht einfach mit!“, rief ihnen Madame Karma zu. Sie dirigierte mit ihrer Rückenflosse die Musiker.
Puk und Peng mischten sich als Erste unter die Tänzerinnen und nickten rhythmisch mit ihren Köpfen. Dann stellten sie sich auf ihre spitzen Mäuler und begannen, beeindruckende Pirouetten zu drehen.
„Bravo!“, rief Madame Karma begeistert. „Bravo!“
Pimpinella umfasste mutig Pengs Hals und ließ sich von ihm herumwirbeln.

Zuletzt mischten sich auch Tuula und Aurelia unter die Tanzenden. Sie bildeten einen Kreis, indem sie sich an Schwanzflosse und Maul berührten, und drehten sich zum Klang der Musik.
Schließlich ging den Flötenfischen die Luft aus. Ihre Kiemen zitterten wie Wasserflöhe im Sturm, so sehr hatten sie sich angestrengt. Nach einem letzten hohen Ton versagten ihnen die Stimmen. Erschöpft ließen sich Flötenfische und Meermädchen auf den weichen Muschelsandboden fallen.
Der Vampirtintenfisch klatschte wie verrückt und pfiff durch seine Fangarme. Dazu stieß er winzige grüne, gelbe, rote und lila Punkte aus, die wie Konfetti aussahen.
„Ach, ist das herrlich!" Madame Karma gab vor Begeisterung jedem Flötenfisch einen Kuss. „Eure Flötentöne klingen einfach bezaubernd", schwärmte sie.
„Ich freue mich schon riesig auf unser Sommerfest. Danach werdet ihr in der gesamten Unterwasserwelt bekannt sein. Glaubt mir, ich säusle keine Schneckensülze, sondern ich meine es wirklich ernst."
Die Delfine klapperten zustimmend mit ihren Mäulern.
Madame Karma richtete das Wort an Puk, Peng, Aurelia und Tuula und stammelte ein paar Sätze im Delfindialekt. Ihr Delfinisch war ziemlich schlecht und so kapierte Pimpinella nicht genau, was sie sagte. Auf jeden Fall schmierte sie den vieren reichlich Schneckenschleim um das Maul, weil ihr Auftritt so sensationell gut gewesen war.

Puk und seine Artgenossen sprachen leider sehr leise und daher war ihre Antwort nicht zu verstehen. Sie waren wie alle Delfine sehr bescheiden. Jedenfalls wirkten sie zufrieden. Madame Karma wollte ihnen gleich den Stall und ihre Futterstelle zeigen, damit sie sich erfrischen konnten. Damit war die Tanzstunde zu Ende und die Meermädchen schwirrten gut gelaunt in den Schlosshof, während Pimpinella es gar nicht erwarten konnte, in einer ruhigen Ecke endlich die Briefmuschel von Nick zu öffnen und zu lesen.

Wichtiges Wassermanngeblubber

„Alle Meermädchen sofort in die Aula! Frau Pataria und der Wassermann wollen eine Ansage machen. Beeilung, dalli, dalli!"

Der Quallenagent Bobo machte sich wieder einmal besonders wichtig. Zusammen mit seinen Kollegen scheuchte er die faulenzenden oder schlafenden Meermädchen genüsslich aus ihren Hängematten auf und trieb sie zur Eile an.

„Heiliger Schneckenmist!" Pimpinella war sauer. Soeben hatte sie eine gemütliche Austernschaukel im Hof erobert, in der sie Nicks Brief lesen wollte. Daraus wurde nun erst einmal nichts. „Dieser Bobo hat das Gehirn einer Wasserlinse!", schimpfte sie wütend.

Trotzdem war sie gezwungen zu tun, was er sagte. Wenn Frau Pataria etwas zu verkünden hatte, war das meistens nichts Angenehmes. Heute musste es besonders wichtig sein, sonst hätte sich der Wassermann Aquarius Grünbart nicht extra aus seinem Turm herunterbemüht.

Der Wasserjunge Nick hatte Pimpinella erzählt, dass sich die beiden in Wirklichkeit überhaupt nicht ausstehen konnten und vor den Meermädchen nur so taten, als wären sie einer

Meinung. Wenn sie eine gemeinsame Entscheidung treffen mussten, gifteten sie sich laut Nick an wie verfeindete Kugelfische. Und der Wasserjunge musste es wissen, denn Aquarius Grünbart war schließlich sein Patenonkel.
Vielleicht ist etwas Schlimmes passiert, dachte Pimpinella beunruhigt.
„Hey, Nella, hast du die Schreckensnachricht auch schon gehört?" Mari paddelte aufgeregt an Pimpinellas Seite und zwickte sie in den Arm.
Pimpinella zuckte zusammen. „Nein, was denn?", fragte sie mit klopfendem Herzen.
„Die Sommerferien fallen aus, weil das Wetter so schlecht ist." Mari kicherte.
„Du alberne Flosse!" Pimpinella atmete erleichtert auf.
„Jag mir nicht noch mal so einen Schrecken ein, sonst …" Sie kniff Mari liebevoll zurück.
„Pimpinella, bitte, bitte, bitte sag mir, was in deinem Brief steht, dann verrate ich dir, was Frau Pataria und der Wassermann gleich verkünden werden …", bettelte diese. „Ich weiß es nämlich wirklich, es ist was ganz Lustiges."
Pimpinella grinste. „Ich glaube dir kein Wort mehr, Babyröhrenwurm."
„Ich bin kein Baby", widersprach Mari schmollend. „Selbst schuld, wenn du es nicht wissen willst." Sie warf trotzig ihre Schwanzflosse herum und schwamm davon.
Pimpinella guckte ihr nachdenklich hinterher. Eigentlich war Mari schwer in Ordnung, nur ihre Neugier war manchmal

ziemlich anstrengend. Andererseits war Mari den anderen Meermädchen deshalb immer eine Flossenlänge voraus, wenn es um Neuigkeiten im Muschelschloss ging. Ob sie wirklich wusste, was die Schulleiterin verkünden wollte? Und wenn ja: Wo hatte sie das schon wieder aufgeschnappt? Pimpinella beobachtete, wie Mari mit dem Vampirtintenfisch flüsterte. Plötzlich schlang er alle Arme gleichzeitig um das kleine Wassermädchen und gab ihr einen dicken Schmatz. Pimpinella musste kichern. Mari war von seinem Kuss ganz gelb eingefärbt.

Jetzt war Pimpinella doch neugierig. Was hatten die beiden denn zu tuscheln? Gerade als sie hinüberpaddeln wollte, um Thomas nach dem Geheimnis auszuquetschen, erschienen Frau Pataria und der Wassermann Grünbart.

Frau Pataria sah wie immer grässlich aus. Heute war sogar eine meterlange orangefarbene Wasserschlange in ihrer Gesellschaft. Sie hatte sich das Tier wie einen Schal um den Hals geschlungen. Vielleicht hatte die arme Schulleiterin ja Halsschmerzen? Obwohl, so wie Frau Pataria guckte, waren es doch eher Zahnschmerzen.

Auch wenn Schlangen nicht gerade Pimpinellas Lieblingstiere waren, war sie der Meinung, dass diese nicht als Kleidungsstücke herhalten sollten. Sie wunderte sich, dass der Wassermann deshalb noch nie mit Frau Pataria gemeckert hatte. Er wohnte schließlich nicht nur zum Schutz der Meermädchen im Muschelschloss, sondern er passte auch ganz genau auf, dass den anderen Meeresbewohnern nichts passierte.

Obwohl Herr Grünbart mit seinem wilden Haarwuchs und den Bartzotteln ähnlich gefährlich aussah wie die Schulleiterin, hatte Pimpinella vor ihm keine Angst. Vielleicht weil ihre Mutter so gut mit ihm befreundet war. Pimpinella war jetzt wirklich gespannt, welche wichtigen Neuigkeiten die beiden verkünden wollten. Hoffentlich legten sie bald los!

Frau Pataria bittet zum Tanz

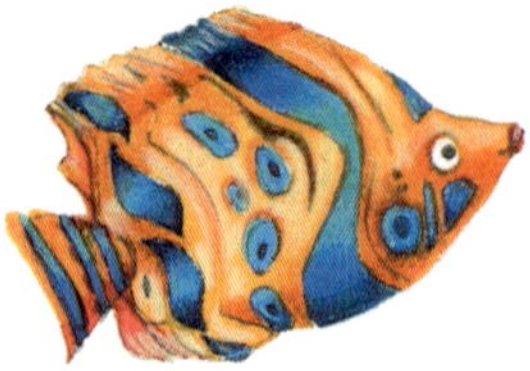

„Liebe Mädchen und Lehrer", begann Herr Grünbart ohne Umschweife. „Wie ihr alle wisst, steht unser jährliches Sommerfest ins Haus. Von unserer fantasievollen Kollegin Madame Karma habe ich gestern erfahren, dass sie zusammen mit den Delfinen des Felseninternats und unseren begabten Meermädchen einen ganz besonders originellen Tanz einstudieren will. Darüber freuen wir beide uns sehr und können es kaum erwarten!"

Die Meermädchen klatschten wie verrückt. Der Vampirtintenfisch pfiff begeistert durch seine Tentakel. Aquarius Grünbein nickte beifällig in den Saal und warf der Schulleiterin einen Seitenblick zu. Täuschte sich Pimpinella oder grinste der Wassermann schadenfroh?

Frau Pataria guckte so frostig, dass Pimpinella befürchtete, die arme Wasserschlange würde jeden Augenblick zu Eis erstarren.

„Wer Frau Pataria jetzt in die Augen schaut, fällt tot um", flüsterte Dafne Pimpinella ins Ohr.

„Dafür lacht sich Grüni muschelig", ergänzte Effi kichernd.

„Ein toller Tanz braucht tolle Zuschauer, und unser Sommerfest soll in diesem Jahr ein ganz unvergessliches Ereignis werden. Deshalb haben eure Schulleiterin und ich beschlossen, dass wir alle unsere lieben Freunde einladen wollen. Das Motto ist ein sommerlicher Maskenball. Die Kostümwahl ist natürlich frei! Aber die allerbeste Verkleidung bekommt einen Preis."

Aquarius Grünbart strahlte über das ganze Gesicht. Anscheinend war so ein Fest ganz nach seinem Geschmack.

Auch die Meermädchen fanden die Neuigkeiten toll. Sie brachen in lauten Jubel aus.

„Juchuhh!", schrie Effi. „Wir dürfen uns alle verkleiden, das ist ja total super." Sie klatschte so lange, bis ihre Hände knallrot waren.

Pimpinella war vor Freude einfach nur sprachlos. Eine Kostümparty im Muschelschloss, wie toll war das denn? Sofort fing sie an zu grübeln, als was sie sich verkleiden sollte.

Aber der Wassermann war mit seiner Rede noch nicht am Ende.

„Natürlich müssen wir unsere Gäste so schnell wie möglich zu unserem Maskenball einladen. Unser treuer Postbote Kubus sitzt mit seinen flinken Flossen schon in den Schneckenlöchern und wartet darauf loszuzappeln. Aber alleine ist der weite Weg nicht zu schaffen. Deshalb habe ich beschlossen, ihm eine Begleiterin mitzugeben."

Pimpinella fiel auf, dass er plötzlich nicht mehr von *wir*

sprach, sondern nur noch *ich* sagte. Und so stumm und stocksteif, wie die Schulleiterin neben ihm stand, war auch dem letzten kleinen Wasserfloh klar, dass sie seinen Vorschlag nicht billigte. Im Gegenteil. Sie kniff ihre Lippen so fest zusammen, dass man beinahe Angst bekam, sie würden für immer aufeinander kleben bleiben.

Pimpinella erwischte sich bei dem Gedanken, dass sie das gar nicht so schlimm finden würde. Denn jedes Mal, wenn die Schulleiterin mit ihr meckerte, hatte sie Angst, dass ein Geisterpfeifenfisch aus ihrem Mund hüpfte und sie in die Nase zwickte.

„… und wer wäre besser als Botschafterin des Muschelschlosses geeignet als eine echte Prinzessin?“

Ein Raunen ging durch die Aula. Einige Mädchen drehten sich um und schauten Pimpinella aus neugierigen Augen an. Auch Mari guckte in ihre Richtung. Sie grinste über das ganze Gesicht und hielt den Daumen hoch. „Na, habe ich zu viel versprochen?“, rief sie. „Ist doch eine echt tolle Überraschung, oder?“

Pimpinella wurde plötzlich ganz schwindelig.

Der Wassermann Aquarius Grünbart zeigte mit seinem Finger in ihre Richtung. „Unsere Meerprinzessin Pimpinella Ozeana Filomena Petersilie Seestern wird hiermit offiziell mit der Aufgabe betraut, die Gäste für unseren sommerlichen Maskenball auf das Herzlichste einzuladen. Auf Herkules’ Rücken, versteht sich! Schon morgen geht die Reise los.“

Er begann zu applaudieren und alle Meermädchen außer

Pimpinella klatschten begeistert mit. Die Schulleiterin war vermutlich mittlerweile zu einem Eiszapfen gefroren.
„Super! Spitze! Toll! Ich habe es schon vorher gewusst!", jubelte der Vampirtintenfisch und zeigte mit dem zweiten und dritten Tentakel auf Mari.
Dafne und Effi umarmten ihre Freundin herzlich und ganz ohne Neid.

„Boah, Schnecke, hast du es gut“, stöhnte Dafne aus tiefstem Herzen. „Das heißt, dass du um die doofe Muschelkundearbeit herumkommst.“
„Hör bloß auf zu jammern, du Streberin“, beklagte sich Effi mit einem Seitenblick auf Dafne. „Du schreibst sowieso eine Eins. Ich bin viel ärmer dran als du.“
Der Wassermann hob die Hand.
Sofort wurde es wieder mucksmäuschenstill.
„Eine Kleinigkeit habe ich noch vergessen“, sagte er schmunzelnd in Pimpinellas Richtung. „Ich selbst werde auch eine Einladung zustellen, damit du nicht extra an Land schwimmen musst. Oder hast du was dagegen, dass auch deine Mutter Lorelai zum Muschelfest kommt? Es wird höchste Zeit, dass sie sich mal wieder auf dem Meeresgrund blicken lässt, finde ich!“
Einen kurzen Augenblick lang dachte Pimpinella, dass sie umkippen und einfach auf den weichen Muschelboden fallen würde. Ihre Mama würde zu Besuch ins Muschelschloss kommen und das Sommerfest mitfeiern. Gab es eine schönere Nachricht als diese?
Auch wenn der Wassermann einen gruseligen Bart im Gesicht hatte, der noch schlimmer als Papas kratzige Stoppeln aussah: Heute hätte Pimpinella ihm am liebsten einen Kuss gegeben. Aber das traute sie sich dann doch nicht.

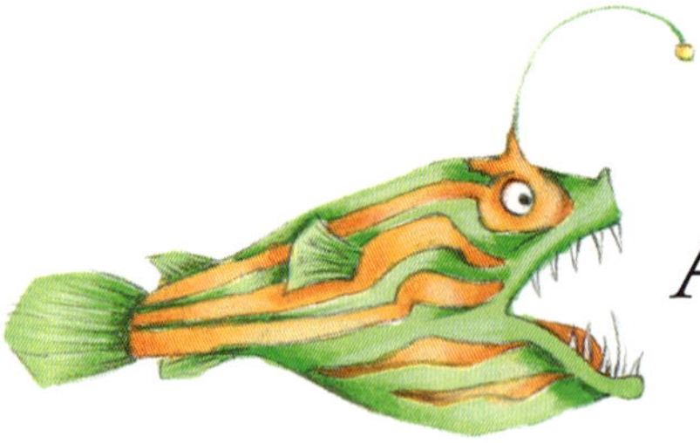

Auf ins Abenteuer!

In aller Frühe, noch bevor der erste Putzerfisch auf den Flossen war, saß Pimpinella im Turmzimmer vor dem Schreibtisch des Wassermanns Aquarius Grünbart und guckte sich zusammen mit ihm und Herrn Kubus die Reisestrecke an. Sie war etwas befangen, denn es kam ganz schön selten vor, dass eines der Meermädchen in die privaten Zimmer der Lehrer gebeten wurde. Meistens passierte das nur, wenn man etwas ausgefressen hatte und dafür ausgeschimpft wurde oder wenn man seine Strafarbeit dort absitzen musste.
Von der Schulleiterin Frau Pataria war weit und breit keine Flosse zu sehen. Es war nicht anzunehmen, dass sie noch auftauchen und Pimpinella gute Reise wünschen würde. Aber das war Pimpinella auch lieber so.
„Hast du noch wichtige Fragen?“, wollte der Wassermann wissen.
Pimpinella nickte. „Wo schlafen wir unterwegs? Herr Kubus hat es gut, der kann sich einfach unter einen Stein legen.“ Sie seufzte besorgt. „Und was essen wir? Gibt es dort, wo wir hinreiten, Haie oder giftige Wasserschlangen?“
Aquarius Grünbart lächelte sie aufmunternd an. „Keine

Angst, Herkules wird gut auf dich aufpassen. Er wird jeden Abend ein geeignetes Lager für dich finden und wird dir zeigen, welche Pflanzen und Muscheln du essen kannst. Er wird dich außerdem vor wilden Tieren beschützen, aber natürlich musst du auch selbst wachsam sein. Am besten, du bringst die Gäste, die du einlädst, gleich mit. Denn

bis du wieder ins Muschelschloss zurückkommst, vergeht ja eine Menge Zeit, und wenn ihr alle gemeinsam reist, ist es auch nicht so gefährlich."
Pimpinella nickte begeistert. Sie fand die Idee super. Mit mehreren Fischen würde es bestimmt viel lustiger werden. Denn so gerne sie mit Herrn Kubus quatschte – die meiste Zeit redete er eigentlich über Briefmuscheln, mehr Briefmuscheln und noch viel mehr Briefmuscheln. Und das konnte mit der Zeit genauso eintönig werden wie der Muschelkundeunterricht von Frau Süßlippe.
„Meine Briefmuschel!", rief sie laut aus und schlug sich mit der Hand gegen die Stirn. „Die hätte ich jetzt fast total vergessen."
Der Wassermann sah sie erstaunt an.
„Briefmuschel?", nuschelte Herr Kubus alarmiert und klappte sein Maul auf und zu. „Wo ischt eine Briefmuschel?"
Er hatte sich vor einigen Wochen an einer alten Auster ein paar Zähne ausgebissen. Seitdem redete er ziemlich undeutlich.

Der Schularzt Doktor Achilles hatte versprochen, ihm ein paar neue Zähne einzusetzen. Deshalb war Herr Kubus gestern ins Muschelschloss geschwommen und hatte den Wassermann eigentlich um Urlaub bitten wollen. Aber stattdessen hatte dieser ihn mit der höchst wichtigen Aufgabe betraut, die Gäste zum Maskenball einzuladen. Da konnte man nichts machen. Der Postdienst ging vor. Die Zähne mussten bis nach dem Maskenball warten.

„Nirgends ist eine Briefmuschel", antwortete Pimpinella eilig. Ihr war soeben wieder Nicks Post eingefallen. Unauffällig steckte sie ihre Hand in ihr Flossentäschchen. Zum Glück war die Briefmuschel immer noch dort.
Sie war schon gespannt wie ein neugieriger Zackenbarsch. Schade, dass sie Nick nicht sofort antworten konnte. Schließlich war sie mit dem Briefträger unterwegs. Bestimmt fand der Wasserjunge die Idee mit dem Maskenball auch total super.
Pimpinella erinnerte sich, dass in der Nähe des Felseninternats schon seit ewigen Zeiten ein versunkenes Piratenschiff

lag. Nick hatte ihr erzählt, dass er im Inneren des Schiffes Kisten voller Kleider und anderen Plunder von *oben* gefunden hatte. Sie musste ihm unbedingt vorschlagen, sich als Seeräuber zu verkleiden. Da würden bestimmt alle staunen. Eigentlich hatte Pimpinella große Lust, selbst auf diesem geheimnisvollen Schiff herumzustöbern. Als sie mit Aquarius Grünbart die Wasserkarte studiert hatte, war ihr aufgefallen, dass Meister Astyx, den sie als ersten Gast zum Maskenball einladen sollte, nur einen Muschelwurf von dem Piratenschiff entfernt wohnte. Vielleicht konnte sie ja ...

„So, Pimpinella!“ Der Wassermann riss Nella mit lauter Stimme aus ihren Gedanken. „Es ist so weit. Herkules steht schon wiehernd unten im Schlosshof. Der freut sich kringelig, dass er mal wieder die Flossen ausschütteln kann.“

Er gab ihr die Hand wie einer erwachsenen Meerjungfrau. „Bleib gesund, mein liebes Apfelbäckchen“, sagte er mit einem freundlichen Lächeln. „Und komm mit einer Riesenmuschel voller lustiger Gäste zurück ins Muschelschloss.“

Im Seepferdchen-Galopp

Das war ja ulkig, dachte Pimpinella, als sie hinunter in den Schlosshof schwamm. Der Wassermann hatte sie *Apfelbäckchen* genannt. Das war der Kosename, den sich ihre Mama für sie ausgedacht hatte, als Pimpinella noch ganz klein gewesen war. Denn erstens hatte sich Mama unter einem Apfelbaum in Papa verliebt und zweitens hatte Pimpinella knallrote Apfelbäckchen gehabt, als sie geboren wurde.
Sie fand es schön, dass Mama und der Wassermann immer noch so gute Freunde waren, obwohl sie so weit voneinander entfernt wohnten. Zu schade, dass Papa nicht auch zum Maskenball kommen konnte. Dabei war er ein super Seemann. Aber so tief konnte kein Mensch schwimmen, nicht einmal der beste Taucher.
Eigentlich war das ungerecht, fand Pimpinella. Meerjungfrauen und Wassermänner konnten an Land schwimmen und dort herumspazieren, wenn sie Lust dazu hatten, aber Menschen, die in den tiefen Ozean sprangen, um das Muschelschloss zu besichtigen, ertranken einfach.
Im Schlosshof begrüßte sie Herkules bereits mit

einem ungeduldigen Wiehern. Erwartungsvoll schwang sie sich auf seinen Rücken.
„Ach, ischt dasch toll!“, jubilierte der Postfisch Herr Kubus und nahm ebenfalls auf dem Seepferdchen Platz. „Endlich einmal hoch schu Rosch. Dasch wird meinen müden Gräten guttun.“
Gerade als Pimpinella ihrem Seepferdchen die Sporen geben wollte, kamen Dafne und Effi ganz atemlos herbeigepaddelt.
„Heee, warte doch, du treulose Schnecke“, keuchte Dafne.
„Wir wollen dir doch wenigstens Hals- und Grätenbruch wünschen. Pass auf, dass du nicht von wilden Wasserflöhen verspeist wirst.“

Effi lief eine dicke Abschiedsträne über die Wange. „Bis bald“, schluchzte sie.
Pimpinella war total gerührt. Plötzlich hatte sie selbst einen dicken Kloß im Hals. Tapfer versuchte sie, ihn runterzuschlucken.
„Nella, warte!“ Mari stolperte über ihre Schwanzflosse und knallte der Länge nach hin.
„Oh, nein!“, stöhnte Dafne. „Da kommt der Geisterpfeifenfisch, die Flossengräte, der schleimige Sandwurm, der gekringelte Meersalat, der Babyröhrenfisch, die dumme Seemotte …“ Mehr spöttische Namen fielen ihr zu so früher Morgenstunde nicht ein.

„Ach, lass die Kaulquappe doch blubbern“, sagte Effi gutmütig und trocknete sich ihre Augen.
Mari hatte sich mittlerweile wieder hochgerappelt und hielt Pimpinella einen glatten schwarzen Stein hin. „Der Stein hält bösen Zauber von dir fern“, sagte sie ernst. „Meine Oma hat ihn mir gegeben, weil mich als Baby mal eine Wasserkuh getreten hat …“
Dafne kicherte los. „So tollpatschig, wie du bist, scheint er nicht besonders gut zu wirken.“
Effi stieß Dafne den Ellbogen in die Seite. „Lass die Sprotte zufrieden. Du bist ja nur neidisch.“
Dafne verstummte. Ganz unrecht hatte Effi nicht. Manchmal war Dafne eifersüchtig, weil Pimpinella sich so gut mit Mari verstand.

Pimpinella nahm den Stein gerührt in die Hand und hatte das Gefühl, dass er augenblicklich angenehm warm wurde. „Vielen Dank, Mari. Das ist echt lieb von dir!“
Sie winkte noch ein letztes Mal, dann rief sie: „Festhalten, Herr Kubus. Jetzt geht gleich die Post ab.“ Pimpinella gab Herkules die Sporen und galoppierte, ohne sich noch ein einziges Mal umzudrehen, davon.

Ein Postfisch wird seekrank

Pimpinella kam es vor, als wäre es bereits Ewigkeiten her, dass sie zusammen mit ihrem treuen Seepferdchen auf den Flossen gewesen war. Wieder einmal auf Herkules durch die Wellen zu schaukeln, das war einfach wunderbar.
Die warmen Wasserwirbel gluckerten sanft um sie herum und kitzelten auf ihren Schuppen. Sie trieb ihr Pferdchen zu noch höherer Geschwindigkeit an. Schließlich hatten sie ja noch eine ziemlich weite Strecke vor sich.
„Ach, Herr Kubus!“, rief Pimpinella glücklich. „Ist das nicht einfach toll?“
Zu ihrer Verwunderung antwortete der Postfisch nicht. Einen schrecklichen Augenblick lang befürchtete Pimpinella, dass sie ihn unterwegs verloren hatte, ohne es zu bemerken. Aber dann spürte sie, wie er sich mit seinem Maul fest an ihren Rücken drückte. Gleichzeitig vernahm sie ein klagendes Ächzen.
Pimpinella gab Herkules das Zeichen, so schnell wie möglich anzuhalten. Direkt an einem kleinen Feld mit Wasserrosen stoppte er gehorsam. Er steckte begeistert sein Maul

in die blühenden Pflanzen, während Pimpinella sich nach dem Postboten umwandte.
Herr Kubus klebte auf der glatten Haut des Seepferdchens und streckte alle Flossen von sich. „Oh, oh, ooooooh!“, jammerte er. Er rutschte an den Flanken des Pferdes herunter und ließ sich rücklings auf einen Blütenkelch fallen. Seine Schwanzflosse zuckte, als hätte sein letztes Stündchen geschlagen. Aus seinen Schuppen war jede Farbe gewichen und er sah einem Geisterpfeifenfisch zum Verwechseln ähnlich.

„Herr Kubus!“, schrie Pimpinella entsetzt auf und sprang eilig vom Rücken ihres Seepferdchens in den weichen Muschelsand hinunter. „Was ist denn los mit Ihnen?“ Sie fuhr mit ihrem Finger behutsam über seinen heißen Kopf. „Haben Sie Fieber?“

„Oh, oh, oooooooh!“, wiederholte der Kofferfisch klagend und schnappte nach Luft wie ein Fisch an Land. „Mir ischt ja scho schlecht“, stöhnte er. „Noch nie in meinem langen Leben war mir scho elend.“ Er wedelte sich mit seinen Seitenflossen ein paar frische Wellen zu. „Ich glaube, ich bin scheekrank!“

Pimpinella schaute ihn mitleidig an. „Seekrank? Von dem bisschen Reiten?“

Der Postfisch rollte genervt seine kugelrunden, trüben Augen. „Jawoll. Sch-e-e-k-r-a-n-k!“, buchstabierte er. „Dieschesch Scheepferd schaukelt wirklich total rückschichtschlosch durch dasch Meer. Mir ischt schum Schterben schlecht.“

Er rollte sich wieder zurück auf seinen Bauch und wechselte erneut die Farbe, diesmal in Seegrasgrün. Das stand ihm überhaupt nicht. Der Postfisch sah nur noch aus wie ein bemitleidenswertes Häufchen Schuppen.

Pimpinella war sprachlos. Am liebsten hätte sie vor Mitgefühl angefangen zu weinen. Aber damit würde sie womöglich alles nur noch schlimmer machen. Sie war noch nie seekrank gewesen. Nicht einmal, als sie bei Windstärke zehn mit ihrem Vater über das offene Meer gesegelt war. Aber sie

wusste, dass auch ganz tapfere Matrosen seekrank werden konnten. Von dem allerkleinsten Lüftlein.
So hielt Pimpinella einfach Herrn Kubus' Flosse und massierte ihm sanft über seinen Rücken. Das machte Oma Ida auch immer mit ihr, wenn sie zu viel von dem leckeren Apfelkuchen mit Schlagsahne gegessen hatte.
Wortlos kauerten sie eine ganze Weile nebeneinander.
Pimpinella überlegte fieberhaft. Plötzlich erinnerte sie sich daran, dass ihr Vater sie an Bord immer aufgefordert hatte, genug zu essen.
„Möchten Sie vielleicht ein frisches Wasserrosenblatt knabbern?", fragte sie schließlich behutsam. „Sie haben doch heute noch gar nicht gefrühstückt, vielleicht sind Sie deshalb seekrank geworden."
Der Postbote nickte leidend. „Ein kleinesch bischchen vielleicht."
Pimpinella pflückte die saftigste Blüte, die sie finden konnte, und hielt sie dem Kofferfisch vor das Maul. Stumm mampfte er das Blatt in sich hinein.
Es schien, als sollte das Meermädchen Recht behalten. Der Appetit war dem Postfisch nämlich nicht vergangen, denn er verlangte noch ein zweites und schließlich sogar noch ein drittes Wasserrosenblatt.
„Hmm, dasch war lecker", murmelte er schließlich zufrieden. „Ich glaube, nach diescher ganschen Aufregung brauche ich erscht mal eine kleine Runde Schlaf." Er schwamm suchend herum, bis er ein geeignetes Muschelbett gefunden

hatte. Mit einem wohligen Aufseufzer machte der Postfisch es sich darin gemütlich und fiel augenblicklich in einen tiefen Schlummer.

Pimpinella war ein wenig verdattert. Sehr weit waren sie auf ihrer Reise bis jetzt ja nicht gekommen. Aber vielleicht war Herr Kubus auch einfach zu aufgewühlt gewesen. Bestimmt war er nach einem kurzen Nickerchen wieder ganz der Alte. Durch die ganze Aufregung knurrte auch ihr der Magen. Unschlüssig sah sich Pimpinella um. Auf Wasserrosenblätter

hatte sie keinen großen Appetit. Aber dummerweise hatte sie die anderen Pflanzen, die hier wuchsen, noch nie im Leben gesehen. Womöglich waren sie giftig.
Pimpinella seufzte. Meerespflanzenkunde hatte sie noch nie besonders interessiert. Meistens hatte sie sich im Unterricht bei Frau Fledermaus so durchgemogelt. Jetzt hätte sie diese Kenntnisse gut gebrauchen können.
Die einzige Pflanze, die sie außer Wasserrosen noch erkannte, war Meereskohl. Der schmeckte gar nicht so übel, auch wenn er häufig etwas zäh war. Aber hier konnte sie kein Blatt davon entdecken.
Auch die dunkellila und purpurroten Schnecken, die auf den dicken Felsbrocken hausten, kannte sie nicht. Sie sahen aber irgendwie unappetitlich schleimig aus.
Plötzlich fiel Pimpinella wieder ein, dass Herkules ihr bei der Nahrungssuche unterwegs helfen sollte. Sie war wirklich eine dumme Krabbe. Dass sie daran nicht schon früher gedacht hatte!
Doch leider war ihr Seepferdchen nach dem Fressen genauso müde geworden wie der Postfisch. Es lag eingekringelt mitten im Wasserrosenfeld und hatte die Augen fest geschlossen. So süß und friedlich, wie Herkules schlief, brachte es Pimpinella nicht über das Herz, ihn aufzuwecken. Lustlos riss sie ein paar Wasserrosenblüten ab und kaute darauf herum.

Wenig später überfiel das Meermädchen eine

so bleierne Müdigkeit, dass die Schwanzflosse unter ihr nachgab wie Gummi. Kein Wunder, auch Pimpinella hatte nachts so gut wie nicht geschlafen. Ihre bevorstehende Reise und das tolle Versprechen von Herrn Grünbart, ihre Mama zum Sommerfest einzuladen, hatten ihr den Schlaf geraubt. Bevor sie es sich noch auf dem Muschelboden bequem machen konnte, war sie auch schon eingenickt.

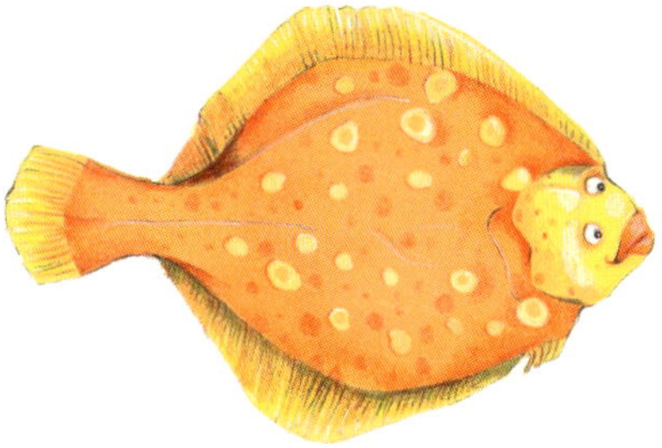

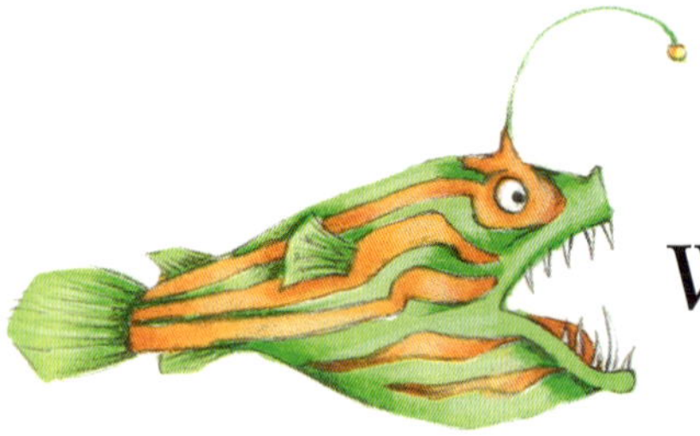

Wasserhyänen-Musik

Pimpinella wachte von einem ohrenbetäubenden Schrei auf. Erschrocken schnellte sie hoch und rieb sich verstört den Schlaf aus den Augen. Wie lange hatte sie wohl geschlafen? Es war ja bereits stockdunkel! Verwirrt sah sie sich nach ihren Gefährten um.

Der Postfisch schlummerte immer noch in seiner Muschel wie ein Eisfisch im Winterschlaf, während Herkules gerade leise wiehernd erwachte und schnaubend seinen langen Hals schüttelte.

Erneut ertönte der schaurige Schrei. Er klang hoch und heiser zugleich und fuhr Pimpinella durch Mark und Bein. Pimpinella zuckte furchtsam zusammen. „Herkules!", rief sie mit vor Angst rauer Stimme.

Im Nu war das Seepferdchen bei ihr und rieb sein Maul beruhigend an ihrer Schulter.

Erleichtert schlang sie ihre Arme um seinen Hals. „Was ist das?", flüsterte sie beunruhigt in seine Ohrmuschel.

„Hallo, Freunde!", meldete sich Herr Kubus mit krächzender Stimme zu Wort. „Na, dasch ischt ja schpaschig! Wiescho ischt esch bereitsch mitten in der Nacht? Ihr scheid mir

vielleicht Langschläfer!" Er kullerte hektisch aus seiner Schlafmuschel und paddelte zu Pimpinella und Herkules hinüber. Vorwurfsvoll stülpte er seine Lippen nach außen.
„Und was ist mit Ihnen?", fragte Pimpinella beleidigt. „Sie sind immerhin als Erster eingeschlafen."
Herr Kubus schüttelte abweisend seine Flossen. „Ich weische alle Schuld von mir", nuschelte er. „Schlieschlich bischt du die Botschafterin. Ich bin nur dasch Perschonal."
Pimpinella sah den Postfisch empört an. „Das finde ich jetzt aber echt gemein von Ihnen", verteidigte sie sich. „Und außerdem ist das nur eine faule Ausrede. Wenn Sie nicht seekrank geworden wären, hätten wir die Meister Astyx' Höhle noch rechtzeitig vor der Dunkelheit erreicht."
Bevor der Postfisch etwas entgegnen konnte, ging das ohrenbetäubende Gekreische wieder los. Diesmal endete es in einem grässlichen Gelächter, das Pimpinella das Blut in den Adern gefrieren ließ.
Herr Kubus wurde bleich. „Oh Gottogottogott!", stöhnte er. „Heute bleibt mir aber auch nichtsch erschpart. Wascherhyänen. Wie ich schie hasche!" Er sprang mit einem Satz zurück in seine Schlafmuschel und verbarg sich in der hintersten Ecke.
„Wasserhyänen?", wiederholte Pimpinella entsetzt.
„Sind die gefährlich?"

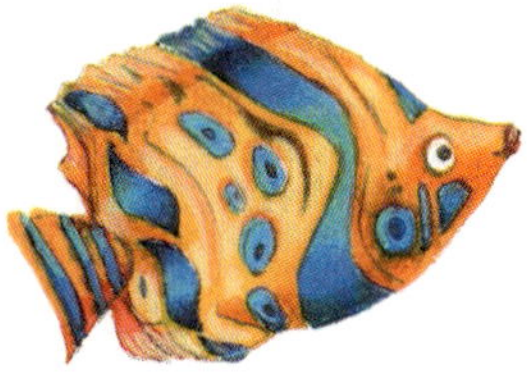

Herr Kubus antwortete nicht.
Pimpinella rüttelte an der Muschel und rief fordernd: „Hallo, Herr Kubus, bitte antworten Sie mir. Wer sind diese

Wasserhyänen und müssen wir uns vor ihnen in Acht nehmen?“

Der Postfisch blieb stumm wie ein Fisch im Netz. Stattdessen versuchte er hektisch, die Muschel mit seinem breiten Maul vollends zuzuklappen.

„Herr Kubus! Warum sagen Sie denn nichts?“, rief Pimpinella verzweifelt. Ihre Stimme zitterte und sie war den Tränen nahe. So hatte sie sich ihre erste Mission als Botschafterin nicht vorgestellt. Irgendwie ging gerade alles schief.

Am liebsten hätte sie sich auf den Rücken ihres Seepferdchens geschwungen und wäre schnurstracks zurück ins Muschelschloss geritten. Aber dann wäre der Wassermann bestimmt total enttäuscht von ihr gewesen. Und ihre Mutter auch.

Eine Meerprinzessin, die später sogar die Königin der Ozeane werden wollte, sollte vermutlich mutiger sein. Aber im Augenblick fiel ihr das ganz schön schwer. Bevor sie noch mehr Angst bekam, musste sie unbedingt handeln.

Kurz entschlossen hob Pimpinella die Muschel auf, in der sich der Kofferfisch abmühte, und kippte ihn mit Haut und Gräten kopfüber in eine Wasserrosenblüte. „Sind diese Wasserhyänen gefährlich?", wiederholte sie laut und ungeduldig.

„Hoppla!", protestierte der Postfisch und zappelte eilig aus der Blüte hervor. „Ein bischchen mehr Reschpekt vor dem Alter, wenn ich bitten darf", sagte er. Aber er blinzelte ziemlich schuldbewusst dabei.

„Nein, die Wascherhyänen schind nicht gefährlich", bequemte er sich endlich zu einer Antwort. „Jedenfallsch freschen schie weder Fische noch Prinscheschinnen auf. Allerdingsch schind schie ungeheuer nervig und vor allem schrecklich unmuschikalisch. Dabei halten schie schich für die tollschten Schänger auf dem Meereschboden. Total gröschenwahnschinnig. Deschhalb ertragen schie nur die blauen Scheeschterne, die schind nämlich schtocktaub. Alle

anderen Meereschbewohner treiben schie mit ihrem Geheule in den Wahnschinn. Schie wohnen im einschamen Tal der Scheeschterne, dasch hier gansch in der Nähe liegt."
Pimpinella guckte verblüfft. „Unmusikalisch? Wie meinen Sie das denn?"
Wie auf Knopfdruck stimmten die unsichtbaren Wasserhyänen einen schauderhaften, mehrstimmigen Gesang an.
„Auaaaaaaaa!", schrie Pimpinella und hielt sich mit den Handflächen die Ohren zu. „Das tut ja bis in die kleinste Schuppe weh!"
Der Postfisch nickte zufrieden. „Schag ich doch." Er schüttelte seine Kiemen frei.
„Vielleicht würden sie ja aufhören, so schrecklich zu heulen, wenn ich sie einfach auch zu unserem Sommerfest einlade", überlegte Pimpinella.
Das Seepferdchen machte ängstliche Bocksprünge, schüttelte seinen Hals und schubste Pimpinella immer wieder auffordernd.
Das Meermädchen nickte zustimmend.
„Du hast ja Recht, Herkules, die Hyänen nerven und wir sollten so schnell wie möglich von hier wegschwimmen. Sonst fallen dem armen Herrn Kubus noch die Kiemen ab. Aber vorher möchte ich doch einen kleinen Versuch wagen … Vielleicht ist den Hyänen ja nur langweilig und sie hätten mal Lust

auf eine kleine Party." Sie wandte sich dem Postfisch zu. „Alle Flossen bereit, Herr Kubus?"
Pimpinella hüpfte munter auf den Rücken ihres Seepferdchens und tätschelte seinen Hals. Herkules schnaubte ungeduldig.
Der Postfisch seufzte tief. „Ojemineh. Du kommscht auf Ideen. Aber bitte. Wenn esch unbedingt schein musch. Aber ohne meine Verantwortung ..."
Gerade stimmten die Wasserhyänen ein weiteres schaurig-trauriges Lied an.
Herr Kubus schnellte eilig auf Herkules' Rücken. „Dann aber wirklich dalli, dalli. Von dieschem Geschang bekomme ich schrecklichesch Kopfweh."

Das Tal der Seesterne sah so aus, als hätte jemand ein paar Eimer blaue Farbe verschüttet. Selbst die Hyänen, die wirklich entsetzlich hässlich waren, kamen Pimpinella eingefärbt vor. Als sie sich ihnen auf Herkules näherte, schrien sie noch viel schrecklicher als zuvor.
Herr Kubus stöhnte ohne Unterlass: „Grauschig, grauschig, grauschig."

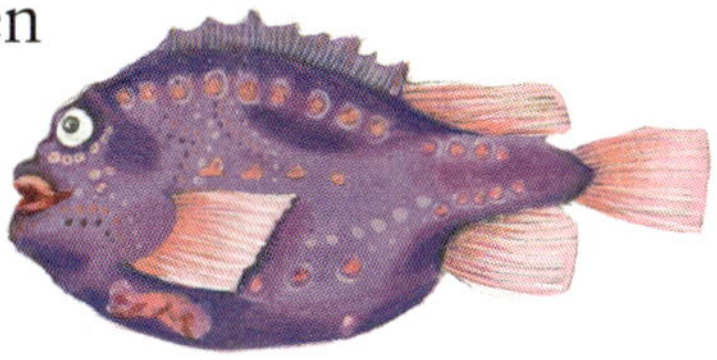

Pimpinella wusste plötzlich gar nicht mehr, was ihr mehr auf die Nerven ging: der weinerliche Herr Kubus oder das wilde Gekreische. Mutig ritt sie weiter, bis sie nur noch einen Meter von den Wasserhyänen entfernt war. Sie spürte, dass selbst Herkules unter ihrer Flosse zitterte wie ein Putzerfisch im Maul eines Weißen Hais.

„Hallo zusammen“, rief Pimpinella fröhlich und extra laut. „Ich heiße Pimpinella Seestern und wohne im Muschelinternat. Habt ihr Lust auf eine fetzige Party in unserem Schloss?“

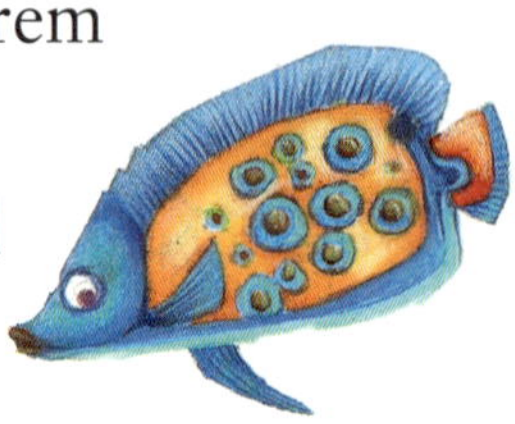

Die Wasserhyänen verstummten schlagartig und starrten das Meermädchen überrascht an.

„Party?“, schrie schließlich die größte und zerrupfteste Hyäne mit einer Stimme, die sich so unangenehm anhörte wie quietschende Tafelkreide. „Was für eine Party?“
Pimpinella lächelte gewinnend. „Unser schönes Sommerfest im Muschelschloss. Es gibt leckeres Essen, tolle Kostüme und jede Menge Musik.“
Die Hyäne stieß einen gellenden Schrei aus. „Gute Musik?“
Pimpinella nickte eifrig. „Klar. Die Flötenfische proben schon seit Monaten.“
Die Wasserhyäne brach in entsetzliches Gelächter aus. „Die Flötenfische …“, keuchte sie. „Habt ihr das gehört, Freundinnen? Die Flö-ten-fische …“
Die versammelten Wasserhyänen stimmten lauthals mit in das Gelächter ein. Schließlich warfen sie sich sogar bäuchlings auf die blauen Seesterne und wälzten sich lachend darauf herum.
Pimpinella betrachtete sie mit wachsendem Erstaunen. „Hallo!“, rief sie schließlich. „Habe ich gerade was Komisches gesagt?“
Aber die Wasserhyänen antworteten ihr nicht. „Flötenfische! Die Flö-ten-fische machen Mu-siiiiiiik!“ Sie lachten immer weiter und beachteten Pimpinella nicht mehr.
„Na dann“, sagte Pimpinella steif. „Wie sagt meine Oma immer? Wer nicht will, der hat schon. Jedenfalls war es einen Versuch wert, oder, Herr Kubus?“
Der Postfisch blieb ihr eine Antwort

schuldig. Das lag vor allem daran, dass er seine Flossen schützend über seine Kiemen gelegt hatte.

Pimpinella seufzte tief. „Ich habe verstanden. Also auf zu Meister Astyx“, befahl sie und gab ihrem Seepferdchen die Sporen. „Wir haben wirklich schon genug Zeit vertrödelt. Sollen die Wasserhyänen doch bleiben, wo die Algen wachsen.“

Die Prinzessin auf der Wasserlinse

Es dauerte ein paar quälende Stunden, bis Pimpinellas Ohren den scheppernden Klang der Wasserhyänenmusik verdaut hatten. Ihr Trommelfell juckte immer noch so heftig, als ob eine ungestüme Horde Wasserflöhe darübergetrampelt wäre. Die drei Reisegefährten machten zum ersten Mal seit dem Tal der blauen Seesterne Rast. In der Ferne sahen sie bereits die schroffen Felsen der Wasserburg. Dort war Meister Astyx zu Hause.

„Zurück nehmen wir aber eine andere Strecke", stöhnte Pimpinella und streckte ihre müde Schwanzflosse aus. „Ein zweites Mal kann ich dieses grässliche Gekreische auf keinen Fall ertragen."

Der Postfisch kicherte. „Du benimmscht dich gerade wie die Prinscheschin auf der Wascherlinsche. Wenn du erscht einmal scho viele Dienschtjahre wie ich auf dem Buckel hascht, dann jagt dir dasch Geschäuschel der Wascherhyänen keinen Schrecken mehr ein." Er plusterte seine Flossen auf und plauderte munter weiter drauflos. „Wasch ich schon allesch erlebt habe. Der Waschermann könnte ein ganschesch Buch über mich schreiben. Meine unglaublichen Geschichten wür-

den Muschelberge füllen. Kein Poschtbote in allen schieben Oscheanen ischt scho mutig wie ich."

„Aha. Gerade hatte ich aber einen ganz anderen Eindruck, Herr Kubus." Mehr sagte Pimpinella nicht, obwohl ihr vor Ärger echt eine Gräte im Hals quer stand. Aber sie hatte keine Lust, sich schon wieder mit dem Postfisch in die Schuppen zu kriegen.

Insgeheim fand sie aber, dass er ein richtiger kleiner Angeber war. Auch wenn es stimmte, dass er bereits durch alle Meere der Wasserwelt gepaddelt war, so war es schließlich *er* gewesen, der bereits nach einer winzigen Stunde auf Herkules' Rücken so seekrank geworden war, dass sie nicht mehr hatten weiterreiten können. Und bei den Wasserhyänen hatte er keinen einzigen Mucks von sich gegeben. Aber das hatte er anscheinend schon wieder vollkommen vergessen.
Herr Kubus ignorierte Pimpinellas Einwand. „Scho, dann wollen wir mal weitergaloppieren", sagte er stattdessen geschäftig. „Faulenschen können wir noch lange genug, wenn wir wieder schu Hausche schind. Wir haben noch eine ewig weite Reische vor unsch."
Pimpinella verdrehte die Augen. Hoffentlich kriegte sich der Postfisch bald wieder ein.
Eigentlich konnte sie Herrn Kubus ziemlich gut leiden.
Er hatte ihr ganz ohne Meckern schon oft die schwersten Flaschenpostbriefe von *oben* zugestellt. Einmal war sogar ein wasserdicht verpacktes Stück Apfelkuchen dabei gewesen.
Aber im Augenblick wusste er ständig alles besser und ging Pimpinella damit total auf die Nerven. Viel lieber hätte sie ihn nach Meister Astyx ausgefragt. Schließlich brachte er diesem regelmäßig Post und war sogar einmal von ihm zu einer Flohmahlzeit in seine Wasserburg eingeladen worden.
Pimpinella war neugierig und ängstlich zugleich. Der Wassermann hatte sie darauf vorbereitet, dass dieser scheue Blindfisch besonders zurückgezogen lebte und nur sehr selten

aus seiner Felsenhöhle hervorkam. Das lag bestimmt auch daran, dass er nichts sehen konnte und sich deshalb draußen unwohl fühlte. Ob er überhaupt mit ihr sprechen wollte? Pimpinella dachte ganz fest daran, dass Meister Astyx ein uralter Freund von Aquarius Grünbart war und ihre Mutter Lorelai sehr gut kannte. Also gab es doch eigentlich keinen Grund, Angst vor ihm zu haben, oder?
Als sie die Wasserburg fast erreicht hatten, bremste Herkules jäh ab und schüttelte auffordernd seinen Hals.
Pimpinella verstand sofort, was er ihr damit sagen wollte. Die allerletzten Flossenschläge sollte sie besser mit ihrem eigenen Fischschwanz machen und dabei nicht zu viele Wellen aufwühlen. Vielleicht, weil sich der Blindfisch sonst vor ihnen erschrak. Er konnte ja nicht gucken, wer da auf dem Seepferdchen angeschossen kam.
Wortlos paddelten das Meermädchen und der Kofferfisch nebeneinander her. Herkules folgte ihnen mit einigem Abstand.
„Da vorne ischt schon der Eingang“, sagte Herr Kubus. „Ich habe ihn auf den erschten Blick gar nicht entdeckt, weil scho viel Schtaub herauschkommt.“ Er wackelte beunruhigt mit seinem Maul. „Wasch ischt denn da losch? Ich hoffe, dem Meischter ischt nichtsch paschiert. Man hört ja immer wieder schreckliche Geschichten von Fischüberfällen.“ Er legte eine doppelte Flosse an Geschwindigkeit zu.

Ein Wirbelwassergeist beim Hausputz

„Huiiiiiiih! Und noch eine Ladung und huiiiiiiih, da kommt die nächste Ladung und huiiiiiiiiiiiiiiiiih, der ganze Schmutz muss raus aus der guten Stube ..."
Ein wirbeliges Etwas sauste an ihnen vorbei und nebelte sie in eine riesige Wolke feinen Muschelsand ein, sodass sie für eine Weile gar nichts mehr sehen konnten.
Der feine Staub wanderte in Pimpinellas Nase und sie musste heftig niesen. „Hatschi ... hatschi ... hatschi!" Sie hielt sich schützend die Hände vor die Augen. „Wer ist das denn?", keuchte Pimpinella. „Ist das Meister Astyx? Den habe ich mir aber ganz anders vorgestellt."
Herr Kubus war direkt nach dem ersten *Huiiiiiiih* hinter den nächstbesten Gesteinsbrocken abgetaucht. Erst nachdem sich der schlimmste Muschelstaub verzogen hatte, tauchte er wieder auf. Seine Schuppen waren von feinem Sand überzogen und er sah aus wie ein urzeitlicher Fisch. „Iwo. Dasch war Fräulein Coralla, glaube ich", antwortete er fahrig und schaute sich suchend um. „Ich habe schie vor Muschelscheiten kennengelernt. Da hat schie allerdingsch dem Tentakelschluckschpecht in der verschunkenen Schtadt den Hausch-

halt geführt. Keine Ahnung, warum schie jetscht hier bei Meischter Aschtyx herumwirbelt." Er wackelte nervös mit seinem Kopf, als ob er Ärger erwartete.
Pimpinella schüttelte sich den Staub aus ihren roten Locken. „Fräulein Coralla?", fragte sie überrascht. „Dieser Fisch steht aber nicht auf unserer Liste."
Herr Kubus winkte abwehrend mit seiner Schwanzflosse. „Fräulein Coralla ischt ja auch kein Fisch, schie ischt ein Wirbelwaschergeischt."
Pimpinella sah Herrn Kubus ungläubig an. „Ein Wirbelwassergeist? Das ist doch Quatsch, oder? Fräulein Weißkäppchen hat gesagt, Wassergeister kommen nur in alten Wassermärchen vor. Und meine Oma Ida meint das auch."
Der Postfisch schnalzte vielsagend mit den Lippen. „Liebesch Prinscheschchen", sagte er gönnerhaft. „Da haben die beiden Damen schich leider schiemlich geirrt. Fräulein Coralla ischt ein schehr wirbeliger und dabei höchscht lebendiger Waschergeischt, und ich verwette jede einschelne Schuppe, dasch ich damit Recht habe."
Bevor Pimpinella widersprechen konnte, kam das wirbelige Wesen, das angeblich ein Wassergeist war, zurückgesaust. „Platz da!", rief es mit glockenheller Stimme und schnellte leichtflossig wie ein fliegender Fisch über Pimpinellas Kopf hinweg, bevor es mit viel Getöse im Inneren der Felsenhöhle verschwand. „Ekelhaft! Alles voller Wassermotten. Hinaus mit dem alten Krempel!"
Herr Kubus konnte im letzten Moment zur Seite springen,

bevor ihn eine durchlöcherte Seegrasmatratze am Kopf traf. Es folgten mehrere mit dichtem Moos bewachsene Muscheln, ein abgebrochenes Schwertfischmaul, ein paar Handvoll vertrocknete Wasserlilienwurzeln und ein Tabakbeutel.
Zuletzt tauchte mit völlig zerzaustem Haar Fräulein Coralla höchstpersönlich vor dem Eingang der Felsenhöhle auf. Sie war spindeldürr und machte einen wild entschlossenen Ein-

druck, alles und jeden aus dem Weg zu räumen, der sie beim Aufräumen störte.
Auch wenn sie Pimpinella erst einmal einen ziemlichen Schrecken eingejagt hatte – das Meermädchen ließ es sich nicht nehmen, den Wirbelwassergeist, den es ja eigentlich gar nicht gab, genauer anzuschauen.
Ein Fisch war das tatsächlich nicht, denn Coralla hatte drei Flossen, die eher aussahen wie der Propeller eines Hubschraubers, wie es ihn nur an Land gab. Sie hatte blitzblanke meerwasserblaue Augen und vor allem eine gigantische Lockenpracht, die eindeutig aus Seegras war.
Pimpinella fand, dass dieser Wasserwirbelgeist hübsch und gruselig zugleich aussah. Äußerst verwirrend irgendwie.
„Was wollt ihr hier?“, fragte Coralla mit einer Stimme, die sich anhörte, als würden hundert Gläser gleichzeitig zerbersten. „Seht ihr nicht, dass ihr mich bei der Arbeit stört?“
Sie drehte sich in Höchstgeschwindigkeit ein paarmal um die eigene Achse.
Pimpinella wurde bereits vom Zuschauen schwindlig.
„Da drinnen herrscht ein Durcheinander, sage ich euch. Schlimmer als auf jedem Haifischfriedhof.“ Der Wirbelwassergeist schüttelte sich so sehr, dass seine dünnen Knochen klapperten.
„Liebesch Fräulein Coralla, erkennen Schie mich nicht? Ich bin doch ein alter Bekannter“, säuselte der Postfisch mit ungewohnt süßer Stimme. „Trari-trara, ischt Meischter Aschtyx da? Jucheihschascha!“, summte er.

Fräulein Coralla musterte sie skeptisch und nahm dabei besonders Pimpinella unter die Lupe. „Na gut. Aber putzt euch gründlich die Flossen ab, damit ihr mir nicht wieder alles schmutzig macht“, sagte sie.
Herr Kubus verbeugte sich tief. „Schtetsch schu Ihren Dienschten, mein reischendesch Fräulein.“
Pimpinella war ehrlich verblüfft zu sehen, was der Kofferfisch für ein Theater aufführte, um den angeblichen Wirbelwassergeist bei Laune zu halten und Meister Astyx aus seiner Nische hervorzulocken.
Tatsächlich war jeder einzelne Felsbrocken im Inneren der Höhle so blank gewienert, als ob er aus echtem Edelstein bestünde. Selbst im Muschelschloss glitzerte der Muschelboden nicht so schön. Dieser Wirbelwasserwind war ein echter Putzteufel.
Fräulein Coralla wuselte ihnen voraus und achtete peinlich genau darauf, dass Herr Kubus und Pimpinella weder Flossen- noch Fingerabdrücke hinterließen.
„Heiliger Schneckenschleim“, sagte Herr Kubus ehrlich beeindruckt. „Da haben Schie aber gansche Arbeit geleischtet. Ausch der dunklen Höhle ischt ja ein richtiger Palascht geworden.“

Der Wasserwirbelwind lächelte geschmeichelt. „Sagen Sie das mal Meister Astyx“, rief er weinerlich. „Er lobt mich nie. Dabei habe ich meinen gut bezahlten Job beim Tentakelschluckspecht extra für ihn aufgegeben.“ Corallas Stimme kletterte in unerträgliche Höhen.
Pimpinella glaubte einen Augenblick, dass ihr das Trommelfell platzen würde. Im Vergleich zu Fräulein Coralla klang der schräge Wasserhyänenchor wie die herrlichste Wassermusik.
„Wer ist eigentlich die da?“, fragte Fräulein Coralla misstrauisch und zeigte mit einem winzigen abgenagten Knöchelchen, das sie vom Boden aufgesammelt hatte, auf Pimpinella. „Meerjungfrauen sind ziemlich unordentlich. Sie schuppen bei jedem Flossenschlag und räumen nie ihr Zimmer auf.“
In diesem Moment entschied Pimpinella, dass sie Wirbelwassergeister nicht leiden konnte. Gerade als sie über eine richtig pampige Antwort grübelte, sagte Herr Kubus an ihrer Stelle eilig: „Dasch ischt unschere kleine Meerprinscheschin Pimpinella. Schie möchte Meischter Aschtyx alsch erschten Gascht schu unscherem Schommerball mit Verkleiden einladen und bittet Schie auf dasch Allerhöflichschte, unsch bei ihm anschumelden.“

Pimpinella warf ihm einen empörten Blick zu. Als *klein* hatte sie nicht einmal Wassermann Grünbart bezeichnet. Und *höflich* wollte sie zu Coralla auf keinen Fall sein. Das hatte sie soeben beschlossen.

Der Duft des Blindfisches

„Huiiiiih. Eine kleine Prinzessin“, lärmte Fräulein Coralla ohrenbetäubend laut und drückte Pimpinella dabei überschwänglich an ihre wirbeligen Knochen. „Nein, wie putzig. Meister Astyx und ich tanzen natürlich total gerne auf eurer ulkigen Party vorbei. Verkleiden ist meine Lieblingsbeschäftigung. Und weißt du, was? Wenn der alte Griesgram keine Lust hat, komme ich einfach allein. Darf ich dann auch deine goldene Krone aufsetzen, Herzchen? Sieht auf meinen wunderschönen blonden Locken bestimmt todschick aus. Ich hoffe, sie ist geputzt.“
„Meinst du mit blonden Locken dieses ungebürstete Gestrüpp auf deinem Kopf?“, fragte Pimpinella schnippisch.
„Haha!“, lachte Fräulein Coralla los. „Du bist ja ein echter Clownfisch. Nicht gerade auf den Mund gefallen, unser Prinzesschen, was? Na, ich verstehe zum Glück jede Menge Spaß. Ich suche mir schon mal ein passendes Kostüm aus. Bis spääääter, meine Süßen!“ Sie wirbelte so schnell davon, dass Pimpinella die Augen schließen musste, damit ihr nicht total schwindlig wurde.
„Ist sie nicht einfach schrecklich?“, ließ sich eine sanfte

Stimme vernehmen. „Grauenvoll, unerträglich, grässlich, abscheulich, entsetzlich, beängstigend, aufsässig, halsstarrig – mit einem Wort: ein Wirbelwassergeist. Dass mir so ein Unglück in meinem Alter noch passieren muss. Keine Sekunde gibt sie Ruhe."
Ein schmaler Fisch mit fast durchsichtiger Haut und feinen Knochen tauchte plötzlich wie von Geisterhand vor Pimpinella auf. Es fehlte ihm die Bauchflosse, aber noch viel auffälliger war, dass er nur ein winziges Auge hatte.
„Sind Sie Meister Astyx? Mein Name ist Pimpinella Seestern", sagte sie mit klopfendem Herzen. „Einen ganz lieben Gruß von Wassermann Grünbart. Er möchte Sie zu unserem Sommerfest einladen und meine Mama kommt auch."
Der Blindfisch schwamm ganz nah an Pimpinella heran und berührte sie zart mit seinem Maul. „Ach, was für eine wunderbare Überraschung", rief er freudig. „Bist du etwa Lorelais Tochter? Bestimmt riechst du genauso hübsch wie sie."
Der Blindfisch selbst verströmte den Duft einer frischen Meeresbrise, während er neugierig um sie herumschwänzelte. Dabei bewegte er sich so wendig und elegant wie ein jugendlicher Fisch. Pimpinella konnte gar nicht glauben, dass er schon so uralt war, wie Herr Grünbart erzählt hatte.
„Ich würde euch herzlich gerne im Muschelschloss besuchen, aber die Reise ist für mich blinden Fisch einfach zu mühsam", sagte Meister Astyx bedauernd. „Die vielen Hindernisse auf dem Wege … ich wäre nur eine Last für euch."
„Oooch. Das ist aber echt schade", rief Pimpinella ehrlich

enttäuscht. Dieser Blindfisch war wirklich total nett und sie fand ihn kein bisschen gruselig.
„Vielleicht finden wir noch jemanden, der Schie abholt“, mischte sich Herr Kubus ein. „Auf dem Maschkenball gibt esch jede Menge Delikateschen schu knabbern. Unscher Chef, der Waschermann, läscht schich beschtimmt nicht lumpen.“
Der Blindfisch wackelte bedauernd mit seiner Rückenflosse. „Meine alten Freunde hätte ich natürlich sehr gerne wieder einmal begrüßt“, sagte er. „Besonders die reizende Lorelai.“
Das konnte Pimpinella nur zu gut verstehen. Sie hielt es auch kaum noch aus vor Sehnsucht nach ihrer Mutter. Es war bereits eine Ewigkeit her, dass sie so richtig lange mit ihr gekuschelt hatte.
„Eine winschige Frage hätte ich aber doch noch“, sagte der Postfisch respektvoll. „Wiescho wohnt Fräulein Coralla jetscht bei *Ihnen*? Der Tentakelschluckschpecht hat schie doch beim Schwarschen-Peter-Schpiel gewonnen und schie schenkt in scheiner Gaschtschtätte die Getränke ausch.“
Der Blindfisch seufzte laut auf. „Weil ich ein gutmütiger Dummkopf bin“, antwortete er ohne Umschweife. „Der Tentakelschluckspecht hat sie aus der versunkenen Stadt verbannt, weil sie mit ihrem wirbeligen Getue all seine Gäste vertrieben hat. Sie sagt, dass sie Bauchweh kriegt, wenn sie nicht herumwirbelt. Ich habe ihr vorüber-

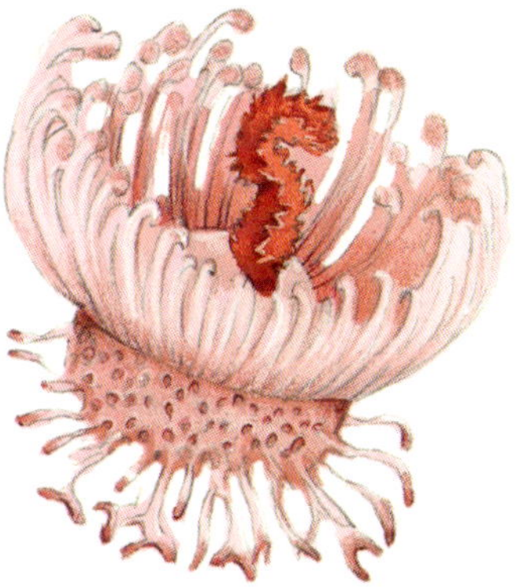

gehend eine Schlafnische angeboten, nachdem sie tagelang vor meiner Haustür herumgejammert hat. Seitdem sitzt sie mir auf der Flosse und macht mich verrückt." Er schürzte nachdenklich seine schmalen Lippen. „Gegen einen Wirbelwassergeist ist nun mal kein Kraut gewachsen. Das hätte ich als alter Fisch wissen müssen."

Pimpinella schüttelte energisch den Kopf. „Das glaube ich einfach nicht", sagte sie. „Herr Grünbart und Doktor Achilles finden gegen alles eine Salbe oder ein paar scheußliche Tropfen. Selbst gegen lästige Wirbelwassergeister. Obwohl sie ja wirklich schön sauber macht." Sie sah sich anerkennend um.

„Ich denke, wir müschen weiter!", mahnte der Postfisch.

Pimpinella verabschiedete sich von Meister Astyx wie von einem alten Freund.

„Der Blindfisch ist ja echt supernett", sagte sie begeistert zu Herrn Kubus, sobald sie wieder alleine waren. „Wirklich schade, dass er nicht mitkommen wollte. Ich kann gar nicht glauben, dass so ein schlauer Fisch diese nervige Coralla nicht im Griff hat. Man merkt doch auf hundert Austernmuscheln Entfernung, dass die nicht alle Schuppen unter dem Pony hat."

Herr Kubus wedelte die letzten Staubkörner aus seiner Schwanzflosse, bevor er sich zu Pimpinella auf Herkules' Rücken gesellte. „Vergisch nicht", sagte er belehrend, „schie ischt ein Wirbelwaschergeischt. Die schind unberechenbar."

Pimpinella rümpfte die Nase. „Ach, Blödsinn", widersprach

sie heftig. „Geister machen nur so lange Ärger, wie man an sie glaubt. Ich würde einfach so tun, als wäre Coralla gar nicht da. So kriegt man die schlimmste Nervensäge zahm."
Herr Kubus antwortete nicht, aber man sah ihm an, dass er anderer Meinung war.
„Sehr erfolgreich war unsere Reise bis jetzt nicht", stellte Pimpinella bedauernd fest. „Bereits zwei ganze Tage unterwegs, aber noch kein Fischlein für unseren Maskenball im Netz. Jetzt müssen wir uns aber ranhalten. Wer steht denn als Nächstes auf unserer Liste?" Sie drehte sich fragend zu Herrn Kubus um.
„Familie Schwergkorallen-Dinoschaurier", antwortete er. „Total nette kleine Dinger. Kenne ich schon ewig. Schie halten immer eine Portschion eingelegte Schnecken für mich bereit, wenn ich vorbeischaue. Flabellasch Kochkünschte schind legendär."

Pimpinella lächelte zufrieden. Das hörte sich prima an. Einen Dinosaurier wollte sie schon seit Ewigkeiten gerne mal in echt sehen. *Oben* waren sie ja längst ausgestorben. In diesem Moment entdeckte sie in der Ferne eine pechschwarze Welle. Und diese Welle schwappte in rasender Geschwindigkeit auf sie zu.
„Oh nein!", schrie Pimpinella entsetzt und duckte sich. „Kopf einziehen, Herr Kubus!" Sie schloss vor Angst die Augen.
„Hey, Prinzessin, nicht so eilig!", brüllte die als schwarze Riesenwelle verkleidete Coralla und fegte so schnell wie ein

Orkan hinter dem davongaloppierenden Herkules her. Ihre messerscharfe Stimme zerteilte sogar das Wasser. Sie hatte Pferd und Reiter in einem Flossenschlag eingeholt.
„Hier bin ich, Leute!“, rief der Wirbelwassergeist begeistert und drehte sich selbstgefällig um seine eigene Achse. „Ich habe schon gedacht, ihr albernen Schnecken seid ohne mich losgezogen. Die alte Gräte bleibt ja mal wieder lieber zu Hause, habe ich es euch nicht vorausgesagt? Na, ohne diese Spaßbremse ist es eh viel lustiger. Wie findet ihr meine Verkleidung? Mit diesem tollen Kostüm gewinne ich hundertprozentig den ersten Preis.“

Im Bauch des Piratenschiffes

Pimpinella gab Herkules die Sporen und sie jagten über weite Muschelfelder und brachliegende Lilienbeete davon. Selbst duftende Wasserrosenhaine ließ das Seepferdchen links liegen und gehorchte stattdessen brav seiner Reiterin.
„Schneller, Prinscheschin, schneller“, feuerte Herr Kubus Pimpinella panisch an. „Fräulein Coralla ischt unsch dicht auf den Floschen!“
Aber was sie auch versuchten – es gelang ihnen einfach nicht, den lästigen Wirbelwassergeist abzuschütteln.
„Habe ich esch nicht geahnt?“, jammerte der Postbote. „Jetscht hängt dasch dumme Ding für immer und ewig an unscheren Schuppen. Ach, wasch schind wir doch für Pechfische, wasch schind wir doch für Pechfische. Herr Grünbart dreht mir die Floschen um, wenn wir einen Wirbelwaschergeischt insch Muschelschlosch einschleppen.“ Er kriegte sich gar nicht mehr ein.
„Hören Sie auf zu jammern, Herr Kubus“, wies ihn Pimpinella zurecht. „Das nervt mich beinahe mehr als diese durchgeknallte schwarze Welle. Irgendwann muss sie doch müde von dem Getöse sein und aufgeben.“

Herr Kubus seufzte. „Wirbelwaschergeischter können jahrelang ohne eine Schekunde Schlaf auschkommen."
Pimpinella verzog skeptisch den Mund. Das hörte sich alles sehr übertrieben an. „Na, immerhin ist der liebe Blindfisch Coralla wieder los. Das ist doch wirklich eine gute Tat, oder?" Insgeheim war sich Pimpinella sicher, dass der Wassermann auf keinen Fall schimpfen würde. Im Gegenteil: Er war bestimmt stolz auf sie. Schließlich war Meister Astyx ein alter Fisch, der vor allem Ruhe brauchte. Das war bestimmt wichtiger für ihn als eine aufgeräumte Höhle.
Pimpinella war der Meinung, dass dieser alberne Wirbelwassergeist einfach keine gute Kinderstube gehabt hatte. Wahrscheinlich war es nur höchste Zeit, dass ihm mal jemand widersprach. Aquarius Grünbart war dafür bestens geeignet. Vielleicht konnte er Coralla ja doch noch bessere Manieren beibringen.
„Linksch! Jetscht scharf linksch in dasch dichte Korallenwäldchen abbiegen, dasch ischt unschere einschige Schansche, dem Biescht schu entkommen", zischte der Kofferfisch Pimpinella plötzlich ins rechte Ohr.
Pimpinella drückte ihre Schwanzflosse hurtig in Herkules' Flanke und verlagerte ihr Körpergewicht, so weit es ging, nach links. Ihre roten Locken wehten dabei wie bei einer Zirkusprinzessin, die eine Akrobatiknummer auf ihrem Pferdchen vorführt.
Herkules bahnte sich ohne Scheu einen Weg durch das dichte Gehölz des Wäldchens.

„Wo reiten wir denn überhaupt hin?“, rief Pimpinella misstrauisch.
In Korallenwäldern lebte, von anderen Fischen unbehelligt, der Rotfeuerfisch, ein träger Fisch, dessen Stacheln total giftig waren, wie sie im Muschelinternat gelernt hatte. Wenn man ihn versehentlich in seinem Schlaf störte, konnte er höchst unangenehm werden. Auf eine überraschende Begegnung mit so einem gefährlichen Zeitgenossen hatte sie keine Lust.

„Schum Piratenschiff“, antwortete Herr Kubus. „Dort können wir unsch verschtecken, bisch esch Nacht wird. Schpäteschtensch dann wird Fräulein Coralla aufgeben, Wirbelwaschergeischter fürchten schich im Dunkeln.“
„Zum Piratenschiff?“, wiederholte Pimpinella entzückt. „Juchuhhh! Da wollte ich schon immer mal hin. Was bin ich doch für ein Glückspilz. Nick hat da ganz tolle Sachen gefunden.“

Das versunkene Piratenschiff wurde von üppigen Wasserrosen und kräftigen Lilienwurzeln umrankt wie das Dornröschenschloss aus Pimpinellas altem Märchenbuch. Bis auf den gebrochenen Mast und die Reste eines zerfetzten Hauptsegels sah es erstaunlich gut aus.
Das Meermädchen bestaunte das große Holzschiff mit offenem Mund. „Das ist ja gar nicht richtig kaputt“, rief es schließlich aus. „Mein Papa und seine Mannschaft würden das bestimmt gerne reparieren. Nur dumm, dass es so tief

unten auf dem Meeresgrund liegt. Sonst könnte man es an Land bringen und wieder flottmachen.“ Sie öffnete neugierig eine Luke und schlängelte sich furchtlos in den Bauch des Schiffes.

Das Schiff war auf den ersten Blick wie eine niedliche Puppenstube eingerichtet. Stockbetten, jede Menge Wandschränke, eine zerschlissene rote Couch, auf der es sich eine

Schneckenfamilie bequem gemacht hatte, und ein riesiger Esstisch gehörten zum Mobiliar. Fast wie bei Oma und Opa zu Hause, dachte Pimpinella ein wenig enttäuscht. Irgendwie hatte sie es sich auf einem Piratenschiff unheimlicher vorgestellt.

Als sie allerdings einen Wandschrank aufklappte, fiel ihr ein riesiges Raubfischgerippe entgegen und gleich darauf polterte ihr ein scharfer Säbel vor die Flosse. „Ihhhh!“, kreischte Pimpinella und hüpfte zur Seite. Gerade noch einmal Glück gehabt. Von so einem Ding aufgespießt zu werden, tat sicher weh.

Unter einem Bett zog sie eine geschmiedete Kette hervor. An ihren Enden baumelten Totenköpfe. Pimpinella stellte sich lieber nicht vor, wie es sich anfühlte, von einem gereizten Piraten in Ketten gelegt zu werden.

Besonders interessant fand sie die Seemannskiste mit der schönen roten Herzmuschel auf dem Deckel. Leider war die Kiste mit einem gewaltigen Vorhängeschloss gesichert. Wie man es wohl ohne Schlüssel aufkriegte? Vielleicht befand sich in dieser Kiste ja ein richtiger Goldschatz!

Ausgerechnet jetzt begann Pimpinellas Magen heftig zu knurren. Das war kein Wunder, denn außer einer Handvoll Wasserrosenblätter und einer bitteren Lilienwurzel hatte sie seit ihrer Abreise aus dem Muschelschloss nichts gegessen.

Plötzlich kicherte es direkt hinter ihr. Erschrocken drehte sie sich um.

Herr Kubus hielt schon wieder ein Mittagsschläfchen. Er lag auf der Couch, direkt neben der Schneckenfamilie. Sonst war niemand zu sehen.
Es kicherte erneut. Diesmal in der Küche. Das Bullauge dort stand offen. Pimpinella war ganz sicher, dass es soeben noch geschlossen gewesen war.
„Hallo?", rief sie mit verhaltener Stimme. „Ist da jemand?"
Hoffentlich nicht schon wieder Coralla, dachte sie bei sich. Aber sie konnte sich eigentlich nicht vorstellen, dass diese ihre Stimme so sehr verstellen konnte, dass sie nett klang. Und das rätselhafte Kichern hörte sich durchaus lustig an.
„Hihihhihi!", kicherte es im Chor.

„Piratengespenster“, sagte Pimpinella laut und bekam eine Gänsehaut. „Bestimmt die Piraten vom Schiff.“ Sie hielt vor Aufregung die Luft an und linste vorsichtig in alle Richtungen.

„So ein Quatsch“, schimpfte sie kurz darauf mit sich selbst. „Es gibt weder Geister noch Gespenster. Außer Coralla vielleicht. Die ist eine Ausnahme.“

Daraufhin erklang aus allen Ecken gleichzeitig anhaltendes Kichern.

„Buuuuuuh! Ich bin der böse Pirat Stinkflosse!“, stöhnte eine dumpfe Stimme aus der schmalen Vorratskammer, die Pimpinella bereits inspiziert hatte. Bis auf einen Strohbesen und einige andere Putzgeräte war sie doch eben noch leer gewesen!

Pimpinella wurde es nun zu bunt. Dieser Unsinn passte doch auf keine Haifischhaut. Irgendjemand führte sie da gewaltig an der Nase herum. Vermutlich war es doch die nervige Coralla. Na, der würde sie jetzt aber einen Denkzettel verpassen!

Winzige Wasserzwillinge

„Zeig dich, du Nervensäge!“, brüllte Pimpinella und stieß mutig die Vorratskammer auf.
Ein Wesen mit breiter Flosse und mit einem Putzeimer auf dem Kopf stolperte ihr entgegen. Es schnappte Pimpinella und nahm sie in die Mangel, um sie durchzukitzeln. Dabei kicherte es die ganze Zeit wie verrückt.
„Autsch! Lass mich sofort los!“, schimpfte Pimpinella und strampelte heftig.
Sie schlug mit ihrer Schwanzflosse hin und her und gab dem Angreifer einen so kräftigen Schubs, dass er auf seine Schuppen plumpste.
Triumphierend riss sie ihm den Eimer vom Kopf.
Ein wohlbekanntes, grinsendes Gesicht kam zum Vorschein.
„Nick!“, schrie Pimpinella begeistert. „Was machst du denn hier?“
„Ha! Die Prinzessin ist unsere Gefangene!“ Nicks bester Kumpel Floris hechtete durch das geöffnete Bullauge in die Kombüse. Er hatte eine Piratenklappe über dem Auge und sah damit höchst verwegen aus. „Piraten, zückt eure

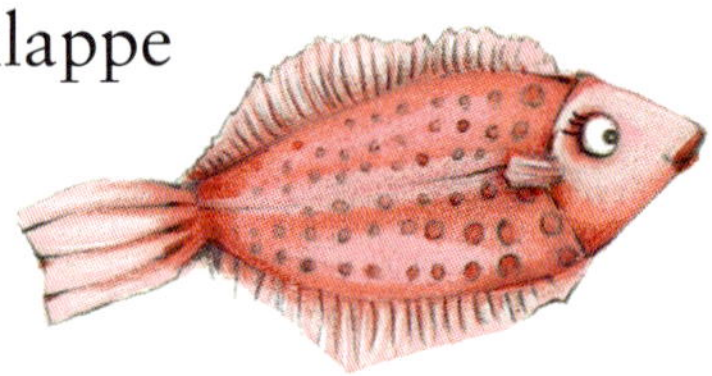

Schwerter und werft die jämmerliche Prinzessin in das Verlies. Dort soll sie bei Schneckenschleim und Haifischblut schmachten."
„Wird gemacht, Chef!", piepste es aus dem Hintergrund. Zwei winzige Wasserjungen kletterten eilig aus den Wäschekörben, die in der Ecke herumstanden, und paddelten mit

gezückten Holzschwertern auf Pimpinella zu. Sie hatten kurze blonde Löckchen und sahen sich zum Verwechseln ähnlich.
Pimpinella ging ein Licht auf: *Sie* hatten also die ganze Zeit so ulkig gekichert!
„Was sind das denn für Witzfiguren? Die kippen doch schon von ihren Flossen, wenn ich sie anpuste!“ Pimpinella grinste. Sie wand den beiden Winzlingen mit einigen geschickten Griffen die Schwerter aus den Händen und klemmte sie sich unter den Arm.
„Ooooch!“, protestierten sie. „Gib uns sofort unser tolles Spielzeug zurück. Haben wir gerade erst gekriegt.“ Sie versuchten, ihr die Holzschwerter wieder abzuluchsen, indem sie Pimpinella in ihre Flosse zwickten.
„Welche Flöhe beißen mich denn da?“, quiekte Pimpinella. Sie hielt die Schwerter über ihren Kopf und schwamm

kichernd in die Kajüte, wo Herr Kubus vor sich hinträumte. „Erst nennt ihr mir eure Namen“, rief sie den Lockenköpfchen scheinbar streng zu.
„Ich bin Amadeus“, sagte der erste Junge folgsam.
„Und ich heiße Amanda!“
Pimpinella schaute sie verblüfft an. „Wie? Bist du etwa gar kein Wasserjunge, sondern eine Meerjungfrau?“
Amanda nickte eifrig. „Amadeus ist mein kleiner Bruder.“
Floris mischte sich ein. „Amanda und Amadeus sind Zwillinge, aber Amanda ist fünf Minuten älter. Darauf ist sie so stolz, dass sie es jedem erzählt. Die beiden sind meine Cousine und mein Cousin. Sie kommen nach den Sommerferien in die erste Klasse des Felseninternats. Ihre Eltern sind auf Meeresweltreise, deshalb sind sie jetzt schon bei uns eingezogen. Die beiden sind eigentlich ganz okay, nur muss ich jetzt leider ständig auf sie aufpassen. Ich habe es meiner Tante versprochen. Sie führen sich auf wie Wasserkletten.“ Er stöhnte ausgiebig.
Pimpinella lächelte die Geschwister freundlich an. „Das finde ich ja super. Ich habe Nick schon mal im Felseninternat besucht. Bei den Meermädchen im Muschelschloss ist es allerdings auch sehr schön, da gehe ich nämlich zur Schule. Wir haben dort jede ein eigenes Seepferdchen.“
Sie gab den beiden ihre Schwerter zurück. „Macht aber keinen Unsinn damit. Sonst kriegt ihr es mit mir zu tun. Ich bin total stark.“ Sie zwinkerte Nick und Floris verschwörerisch zu.

Allerliebste Katzenhaie

Pimpinella konnte es gar nicht fassen, dass sie ausgerechnet auf dem Piratenschiff ihre besten Freunde getroffen hatte. Sie war wirklich ein Glückspilz. Vor Freude schlug sie mit ihrer Schwanzflosse ein paar Wellen. „Echt klasse, dass wir uns mal wieder sehen. Aber wieso treibt ihr euch auf dem Schiff herum, anstatt in der Schule herumzuhocken?“, wiederholte sie ihre Frage.
Nick sah sie erstaunt an. „Hast du meine Briefmuschel gar nicht bekommen? Ich hatte sie Peng um den Hals gehängt. Da stand alles genau drin. Madame Karma wollte doch mit unseren Delfinen diesen Tanz für das Sommerfest einstudieren. Wieso bist du nicht dabei?“
Pimpinella schrie auf. „Die Briefmuschel!“ Sie wurde ganz rot vor Verlegenheit. „Ich hatte einfach keine Zeit, sie zu lesen. Ständig ist was dazwischengekommen. Herr Grünbart hat den Postfisch und mich nämlich auf eine total wichtige Mission geschickt.“
Sie berichtete ihren Freunden in ein paar Sätzen von Herrn Grünbarts Plan, einen echten Maskenball auf die Flossen zu stellen.

„Ein Maskenball!“ Nick und Floris sprangen begeistert in die Luft. „Das ist ja eine tolle Idee!“

Floris rückte seine Augenklappe zurecht. „Ich gehe als Pirat. Alles, was ich dafür brauche, liegt hier herum.“

Pimpinella grinste. „Sag bloß. Warum bin ich jetzt gar nicht überrascht? Pirat Stinkflosse und Käpt’n Schuppenpest oder so.“

Sie brachen alle in wieherndes Gelächter aus.

„Ich finde das Schiff noch viel toller, als ich es mir vorgestellt habe. Nur die doofe Schatzkiste kriege ich nicht auf. Bestimmt ist da was ganz Wertvolles drin“, sagte Pimpinella schließlich.

Nick zuckte bedauernd mit den Achseln. „Ohne den Schlüssel ist da nichts zu machen. Wenn du meinen Brief nicht gelesen hast, weißt du sicher auch nicht, dass Floris und ich schon eine Woche früher Ferien bekommen haben, weil wir die Katzenhaie einreiten sollen. Sie warten draußen vor dem Schiff auf uns.“

Pimpinella stieß einen Schrei aus. „Katzenhaie?“

Nick strahlte voller Stolz. „Richtig süße, kleine Katzenhaie. Sie waren anfangs total scheu und schwammen kreuz und quer, aber so langsam gewöhnen sie sich an die Zügel. Unser Direktor hat sie diesem Tentakelschluckspecht abgekauft, der in der versunkenen Stadt wohnt. Der fiese Typ hat sich gar nicht um sie gekümmert, deshalb sind sie nicht an Reiter gewöhnt."

Pimpinella klatschte in die Hände. „Toller Zufall, dass wir uns über die Flossen geschwommen sind. Herr Kubus hat Herkules und mich hergelotst, weil so ein doofer Wirbelwassergeist hinter uns her ist, seit wir bei Meister Astyx waren. Den wollten wir abschütteln, bevor wir zu den Zwergkorallen-Dinosauriern reiten."

Plötzlich hatte sie eine großartige Idee. „Eigentlich könnten wir doch gemeinsam weiterreisen …" Sie guckte Nick und Floris erwartungsvoll an, während sie ihre Stimme vorsichtshalber senkte. „Bitte, bitte, bitte! Herr Kubus ist manchmal etwas … schwierig. Mit euch zusammen wäre es viel lustiger und Herkules hat bestimmt gar keine Angst vor Katzenhaien. Aber vorher suchen wir uns noch tolle Kostüme für den Maskenball aus." Sie biss erwartungsvoll die Lippen aufeinander.

Nick grinste. „Na, klar, Prinzessin. Als Botschafterin brauchst du doch dringend Piratenschutz. An Katzenhaie traut sich so schnell keine nervige Qualle heran. Sie sind die perfekten Leibwächter."

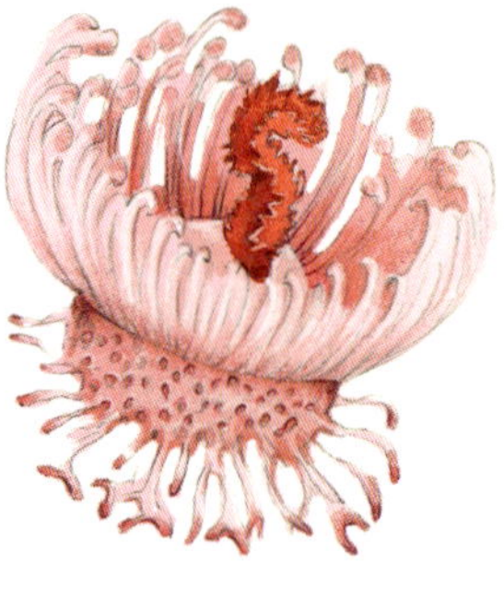

„Juchuuuuuuh!“ Pimpinella schlug mitten in der Kajüte einen Purzelbaum.
Amanda und Amadeus machten begeistert mit. Dabei störte sich niemand daran, dass ein paar Teller zu Bruch gingen. Leider gab es hier ja sowieso nichts Essbares zwischen die Kiemen. Schließlich rollten auch Nick und Floris kreischend über den Holzfußboden.

„Wasch ischt dasch denn hier für ein Krach? Nicht mal ein kleinesch ungeschtörtesch Nickerchen kann man machen."
Der Kofferfisch kam aufgeregt herbeigeschwommen.
„Guten Morgen, Herr Kubus", rief Pimpinella übermütig.
„Wieder einmal gut geschlummert? Unsere Reise wird noch zu einer richtigen Schlafkur für Sie."
Die Wasserjungen kicherten.
„Dasch ischt nicht beschondersch nett von dir, Pimpinella", schmollte Herr Kubus. „Ich trage schlieschlich die gansche Verantwortung und dasch ischt schehr anschtrengend, wie du schelber erlebt hascht. Allein die Flucht vor dieschem irren Geischt ..." Er redete nicht weiter, sondern schürzte eingeschnappt die Lippen.
„Egal", antwortete Pimpinella gutmütig. „Ich weiß schon, Sie sind der Chef. Hauptsache, Sie sind wieder fit. Und ab jetzt haben wir jede Menge Leibwächter. Die Wasserjungs kommen nämlich mit uns." Sie ließ munter ihre Schwanzflosse kreisen.
„Das kleine Wassermädchen auch", piepste Amanda.
„Klar wie Schneckensoße", gab ihr Pimpinella lachend Recht. „Amanda natürlich auch."

Die geheimnisvolle Truhe

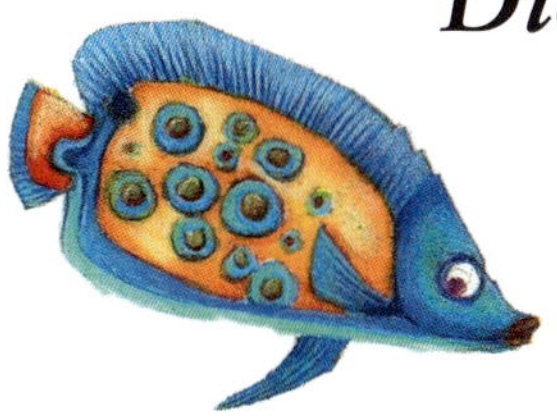

Pimpinella, die drei Wasserjungen und die kleine Amanda bastelten die halbe Nacht an ihren Kostümen für den Maskenball. Nick hatte leckere Fischchips in seinem Beutel, die er gerecht verteilte. Pimpinella bekam eine Handvoll mehr ab, weil sie so großen Hunger hatte.
Nach einigem Hin und Her entschied sich Pimpinella für einen todschicken Kapitänshut mit knallgrüner Feder.
„Boah, du siehst echt gut aus!“, schwärmte Nick. „Jetzt brauchst du nur noch eine passende Jacke.“
Pimpinella wühlte begeistert in einer Kleiderkiste herum und zog schließlich eine blaue Jacke mit goldenen Ankerknöpfen hervor. Erwartungsvoll schlüpfte sie in die Ärmel. „Passt wie angegossen!“, rief sie und drehte sich entzückt im Kreis.
„War wohl ein ziemlich kleiner Kapitän!“ Floris grinste.
„Na, es gibt bestimmt auch Kapitäne, die aussehen wie Zwergfische und es faustdick hinter den Ohren haben.“
Pimpinella kicherte. „Mein Papa ist eher ein Riesenfischkapitän. Schade, dass ich diese tolle Hose nicht anziehen kann. Ein Kapitän muss schick gekleidet sein, sagt meine Mama immer.“

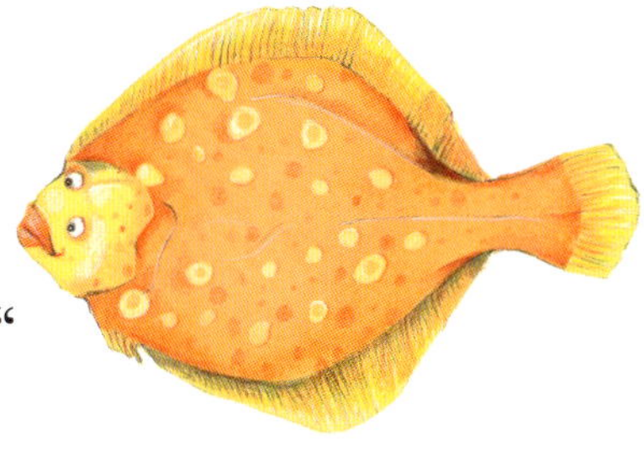

Sie griff nach einer Hose aus dickem Wollstoff. Sie sah nigelnagelneu aus.
Nick guckte verwirrt. „*Hose* nennst du dieses Teil? Was meinst du denn damit?“
Pimpinella bekam einen Lachanfall. „Hosen sind zwei Röhren aus Stoff, die man sich über die Stängel zieht, damit man keinen Schnupfen kriegt. Auf dem Schiffsdeck oben ist es meistens ziemlich kalt. Mein Papa hat sogar noch warme Unterhosen drunter an.“

Stängel – so nannten die Meermädchen und Wasserjungen die Beine der Menschen. Das Wort hatte Pimpinella gleich als Erstes gelernt, als sie ins Muschelschloss gekommen war. Die meisten Meeresbewohner konnten sich einfach nicht vorstellen, dass man sich auf so unbequemen, dünnen Dingern fortbewegen konnte, ohne umzukippen.
Nick betastete den Stoff der Wollhose und schüttelte zweifelnd den Kopf. „Nichts für mich. Bin ich froh, dass ich eine schicke Flosse habe und nicht so was Hässliches anziehen muss. Das sieht total albern aus und kratzen tut es bestimmt auch."
Ganz Unrecht hatte Nick mit seiner Bemerkung nicht. Meeresbewohner brauchten eigentlich keine langen Hosen. Die Flossen der Meermädchen und Wasserjungen waren wirklich etwas ganz Besonders. Sie schillerten in allen Regenbogenfarben, auch wenn nie ein Sonnenstrahl auf ihre Schuppen traf. Außerdem war es im Meer niemals so eisig, dass man fror.
Bevor Pimpinella widersprechen konnte, weil sie sich Nick auch supergut in Jeans vorstellen konnte, paddelte Floris aufgeregt herbei und unterbrach ihre kleine Meinungsverschiedenheit.
„Ey, guckt euch das Ding hier mal an. Der Pirat, dem dieser Gürtel gehörte, hat seine Beute anscheinend ständig mit sich herumgeschleppt. Finde ich ziemlich schlau."
Er zeigte ihnen einen breiten Ledergürtel, an dem jede Menge Münzen befestigt waren. Floris versuchte, ihn über

seiner Schwanzflosse mit der Schnalle zu schließen, was bei dem Gewicht gar nicht so einfach war. Nick musste ihm helfen, damit der Gürtel zuging.

Pimpinella grinste. „Kein Wunder, dass das Schiff untergegangen ist. Wenn alle Piraten solche schweren Klamotten anhatten …"

Wie ein kleiner Wasserkobold tauchte nun Amanda hinter einer Kiste auf. Sie hatte einen blau-weiß geringelten Pullover an, dessen Saum fast den Boden berührte. Um den Bauch hatte sie ein glitzerndes Seidentuch geschlungen und auf ihren Locken saß eine verwegene Schiebermütze. Sie grinste stolz, weil sie so ein hübsches Kostüm für sich gefunden hatte.

„Warum verkleidest du dich eigentlich nicht als Prinzessin, Pimpinella? Das sieht doch viel schöner aus", fragte sie neugierig. „Hast du zu Hause ein langes rosa Kleid mit Edelsteinen an und eine goldene Krone auf?"

Pimpinella schüttelte heftig den Kopf. „Nein, überhaupt nicht. In so einem Kleid würde ich aussehen wie ein Geisterpfeifenfisch im Nachthemd. Ich mag es lieber bequem."
Nick kriegte einen Lachanfall und klatschte begeistert in die Hände. „Oder man würde dich darin mit eurer Schulleiterin Frau Pataria verwechseln. Die trägt doch auch immer so *schicke* Kleider."
Pimpinella schnappte sich Amandas Holzschwert und hielt es Nick drohend unter die Nase. „Pass auf, was du sagst, du frecher Röhrenwurm. Sonst werfe ich dich in das Korallenlabyrinth und lasse dich erbärmlich verhungern."
Nick warf sich auf den Boden und zappelte so wild herum, als wäre er in einem Netz gefangen wie ein armer Fisch. „Zu Hilfe, zu Hilfe! Ich fürchte mich ja so vor der furchtbaren Rache der grausamen Meerprinzessin Pimpinella", jammerte er.
„Siehst du doof aus!" Pimpinella kicherte. „Alberner als ein Seehase. Nimm dich in Acht, dass dir kein Putzerfisch in den Mund schwimmt."
Nick klappte erschrocken seinen Mund zu.
„Ich hab ihn, ich hab ihn, ich hab ihn!" Amadeus kugelte wie ein Igelfisch herbei. Er war noch nicht verkleidet, aber dafür

hielt er einen riesengroßen, verschnörkelten Schlüssel hoch. „Ich habe den Schlüssel für die Piratenschatztruhe gefunden!"
„Juchuh!", riefen Pimpinella und Nick gleichzeitig.
„Ich schließe die Kiste auf!" Floris riss Amadeus den Schlüssel aus der Hand und fegte voran. Er steckte den Schlüssel in das Schloss und drehte ihn zweimal nach rechts um.
„Jetzt!", sagte er erwartungsvoll. Hastig versuchte er, den Deckel aufzuklappen. Aber dieser rührte sich kein kleines Stückchen. „Los, glotzt doch nicht so dumm wie ein Neunauge, sondern helft mir lieber!", maulte Floris.
Eilig fassten alle mit an.
„Eins-zwei-drei … hau ruck!", kommandierte Floris.
Gemeinsam versuchten sie, den Deckel mit aller Kraft nach oben zu stemmen.
Vergeblich. Er klebte auf der Schatztruhe wie Schneckenleim.
Wütend rüttelte Nick daran. „Geh endlich auf, du blöde Kiste!", schimpfte er.

„Och, wie schade“, klagte Amanda. Sie ließ sich enttäuscht auf den Schiffsboden plumpsen und sah aus, als würde sie gleich in Tränen ausbrechen.
„Da ist bestimmt ein Trick dabei“, stellte Pimpinella fest und legte sich nachdenklich auf den Bauch. „Ein geheimes Schloss oder so.“
Nick sah sie verblüfft an. „Woher weißt du das?“
Pimpinella zuckte mit den Achseln. „Keine Ahnung, nur so ein Gefühl.“ Sie inspizierte die Kiste stirnrunzelnd von allen Seiten.
„Und?“, fragte Floris nervös. „Hast du eine Idee, wie wir das Ding aufkriegen?“
Pimpinella antwortete nicht. Stattdessen begann sie, konzentriert die Oberfläche der Schatztruhe abzutasten.
„Hallo, Kinder, auschgeschlafen?“ Herr Kubus wuselte verschlafen herbei. „Wir müschen losch, bevor die erschten Muscheln aufwachen“, sagte er gähnend. „Damit wir Fräulein Coralla nicht wieder vor die Floschen schwimmen.“

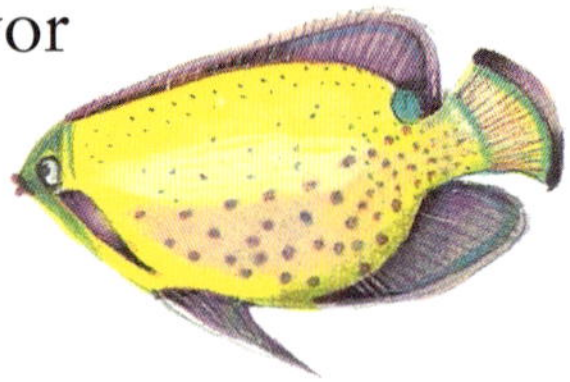

„Aber wir haben doch gar nicht geschlafen, Herr Kubus!“, rief Amanda fröhlich. „Wir haben die ganze Nacht total schön gespielt. Und jetzt finden wir gerade einen tollen Piratenschatz.“
„Pscht!“ Nick legte ungehalten seinen Zeigefinger auf die Lippen. „Pimpinella muss sich konzentrieren.“
Herr Kubus winkte hektisch mit allen Flossen. „Wasch scholl der Unschinn?“, fragte er.

„Wir kriegen diese doofe Schatztruhe nicht auf", erklärte Floris. „Obwohl sie aufgeschlossen ist. Da muss ein Trick dabei sein, meint Pimpinella."
Der Kofferfisch paddelte neugierig näher. „Papperlapapp", sagte er. „Scholche Kischten habe ich auf meinen Reischen schon Hunderte geschehen. Die funktschionieren alle gleich." Er machte ein höchst überlegenes Gesicht.

Der Konfetti-Schatz

Pimpinella sah den Kofferfisch überrascht an. „Wieso kennen Sie sich mit Schatztruhen aus, Herr Kubus?“, fragte sie neugierig. „Sie waren doch noch nie an Land. Und auf einem Schiff schon gar nicht.“
Herr Kubus machte ein geheimnisvolles Gesicht. „Hascht du eine Ahnung, wasch mir während meiner vielen Dienschtjahre schon allesch vor die Floschen gefallen ischt. Schatschtruhen schu knacken ischt meine Schpeschialität.“ Er lächelte fast schüchtern. „Schoschuschagen mein Hobby.“
Amanda und Amadeus schauten ihn bewundernd an.
„Toll!“, riefen sie im Chor. Vor Aufregung bekamen sie ganz rote Wangen.
„Und wie geht diese Kiste auf?“ Pimpinella wurde langsam ungeduldig. „Lassen Sie sich doch nicht jeden Sandwurm einzeln aus der Nase ziehen!“
„Papperlapapp“, wiederholte Herr Kubus gelassen. „Immer wieder derschelbe Scheeigelkäschequark. Einfach die rote Herschmuschel auf dem Deckel einmal gansch herumdrehen. Ischt dasch scho schwierig?“
Amanda kreischte begeistert los, schwamm mitten auf die

Schatztruhe und ergriff beherzt die Muschel. „Autsch!“ Erschrocken zog sie ihre Hand zurück und steckte die Finger in den Mund. „Die Muschel pikst ja“, rief sie anklagend.
Der Postfisch blubberte aufgeregt ein paar Blasen ins Wasser. „Natürlich handelt esch schich um eine *Schtachelige* Herschmuschel“, belehrte er Amanda. „Schlieschlich scholl ja nicht jedesch kleine Dummchen die Schatschtruhe aufmachen.“
Pimpinella runzelte verdrossen die Stirn. „Das hätten Sie aber auch sofort dazusagen können, Herr Kubus. Das konnte Amanda doch nicht wissen.“
Aber Amanda ließ sich nicht so schnell entmutigen. „Ich probiere es noch mal“, rief sie entschlossen. Sie wickelte sich

den Saum ihres viel zu langen Pullovers um die Finger und berührte die Stachelige Herzmuschel vorsichtig erneut.
Die Muschel ließ sich ohne Weiteres herumdrehen.
„Hat ja doch geklappt!“, sagte Amanda glücklich und guckte Pimpinella stolz an.
„Jetscht aber Vorschicht beim Öffnen. Man weisch nie, wasch in scholchen Kischten drinnen ischt. Ich könnte euch Schachen erschählen ... Manchmal ischt der Schatsch allerdingsch auch längscht geraubt“, warnte Herr Kubus.
„Einmal schollte ich eine Briefmuschel in genau scho einer Truhe hinterlegen und dann schnappte ein Krokodil nach mir, dasch esch schich dort gemütlich gemacht hatte. Ein junger Kollege wurde dabei schogar von einer schlecht gelaunten Scheeschlange verschpeischt. Der Beruf desch Briefträgersch ischt wirklich höchscht gefährlich.“ Er seufzte.
Nick, Floris, Pimpinella und sogar der kleine Amadeus ruckelten erneut an dem Deckel. Amanda versteckte sich hinter dem Sofa und hielt sich lieber die Augen zu, als erwartete sie etwas ganz Schlimmes.
Wie durch eine verborgene Sprungfeder bewegt, sprang der Deckel sperrangelweit auf.
Die vier anderen Kinder brachten sich erschrocken neben Amanda in Sicherheit.
„Was ist drinnen?“, fragte Amanda mit zitternder Stimme und schob zögernd ihren Kopf vor. Sie hatte aber immer noch die Augen geschlossen.
Für einen Augenblick war es mucksmäuschenstill.

Schließlich traute sich Pimpinella als Erste mit einem gewagten Flossenschlag nach vorne und warf mutig einen Blick in die Schatztruhe.

„Ahhhhhhhh!“ Sie stieß einen verzückten Schrei aus. „Wie süüüüüüüß! Kommt alle mal her.“ Mit einem großen Satz

sprang sie einfach mitten in die Schatztruhe hinein und wühlte begeistert darin herum.
„Jede Menge Luftschlangen und Girlanden und ganz viele Konfettitüten. Genau das Richtige für unseren Maskenball."
Sie nahm eine quietschrosa Tröte in den Mund und blies kräftig hinein. Es kam tatsächlich ein schräger Ton heraus.

Amanda riss die Augen auf und hechtete Pimpinella kopfüber hinterher.
Jetzt steckten auch die Jungen neugierig ihre Köpfe in die Schatztruhe.
„Was ist das?", rief Nick. „Das sieht alles total lustig aus." Er griff zu und förderte eine Handvoll Luftballons zutage.
„Das sind Luftballons, die kann man aufpusten. Aber wir füllen sie mit Wasser, das ist viel einfacher", jubilierte Pimpinella. „Genau so etwas hat uns noch gefehlt. Mit diesem Schatz können wir die tollste Party feiern, die es jemals im Muschelschloss gegeben hat! Und mit dem Konfetti macht man so was …" Sie riss eine Tüte auf und schüttete es über den Köpfen ihrer Freunde aus.
Das Konfetti schwebte durch das Wasser und färbte es kunterbunt.
„Ist das toll!", quietschte Amanda. „Mehr davon!" Sie schnappte sich eine weitere Tüte und öffnete sie. Mit Schwung verteilte sie das Konfetti und versuchte dann, es mit beiden Händen wieder einzufangen. „Noch eine Tüte Wasserperlen!", forderte sie und ergriff gleich zwei Tüten auf einmal.
„Lass das, du Babyschnecke!" Nick nahm ihr die Tüten aus der Hand und warf sie in die Kiste zurück. „Hast du Muschelkalk in den Ohren? Pimpinella hat gesagt, die sind für den Maskenball im Muschelschloss."
Herr Kubus wackelte zustimmend mit dem Kopf. „Und wie

ich bereitsch schagte, müschen wir unschere Reische dringend fortschetschen."
Pimpinella hüpfte aus der Schatztruhe. „Aber unsere Partydeko nehmen wir gleich mit. Hinterher klaut sie noch jemand anders. Schließlich schwimmen genug Schatzräuber durch die sieben Meere."
Herr Kubus wedelte aufgebracht mit seiner Rückenflosse. „Oh nein, dasch erlaube ich nicht. Wir können diesche schwere Kischte nicht auf dem Rücken von Herkulesch mit-

schleppen. Ein Scheepferdchen ischt doch kein Pottwal. Diescher scheltschame Unschinn musch hierbleiben." Seine Schuppen färbten sich vor Aufregung ganz rosa. „Schehr verwunderlich, wasch Piraten scho allesch mit schich herumschleppen."

„Wir könnten unsere neuen Spielsachen doch einfach in Vasenschwämme füllen", schlug Amanda vor. „Dann kann sich jeder einen unter den Arm klemmen und wir kommen trotz Gepäck schnell voran."

Nick grinste anerkennend. „Du bist ja richtig schlau, Kleine."

Pimpinella nickte erleichtert. „Super Idee." Sie tätschelte dem Kofferfisch beruhigend den Kopf. „Wir sind wirklich gleich reisefertig, Herr Kubus. Großes Piratenehrenwort. Bitte nicht schimpfen."

In Windeseile füllten die Freunde alle Vasenschwämme, die sie finden konnten, mit Piratengirlanden, quietschbunten

Luftballons, tütenweise Konfetti und meterlangen Luftschlangen in allen Farben.
„Vergesst bloß die Tröten nicht, damit ärgern wir später die Flötenfische!“ Pimpinella kicherte. „Die tun immer so wichtig.“
Schließlich verließen Pimpinella und ihre Freunde schwer bepackt mit prall gefüllten Vasenschwämmen das Piratenschiff. Herkules wieherte freudig, als er Nick und Floris wiedererkannte, und die Katzenhaie benahmen sich so zahm wie Kuscheltiere. Im Schutz der Dunkelheit ritt die kleine Reisegesellschaft davon.

Auf Luftballons zu den Korallen

Der schlaue Herr Kubus hatte sich für die Weiterreise einen besonders gemütlichen Platz ausgesucht. Er war in den Vasenschwamm geschlüpft, den sich Pimpinella unter den Arm geklemmt hatte, und lag darin auf einem Berg Luftballons. Zwar hatte er bis zuletzt heftig dagegen protestiert, den ulkigen Krempel mitzuschleppen, aber als Schlafplätzchen waren diese seltsamen Dinger sehr bequem. Essen sollte man sie aber lieber nicht. Er hatte probeweise in so einen Luftballon hineingebissen und ihn angewidert ausgespuckt.

„Kennt Herkules die Wasserstraße zur Familie Zwergkorallen-Dinosaurier auch ganz bestimmt, Herr Kubus?“, riss Pimpinella den Kofferfisch aus seinen Gedanken.

„Natürlich“, antwortete er. „Insch Korallenlabyrinth findet jeder Blindfisch.“

Pimpinella stieß einen Schrei aus. „Wieso Korallenlabyrinth?“ Sie zog ihr Seepferdchen so heftig am Hals, dass es abrupt stehen blieb.

„Was ist los?“, rief Nick ihr zu. „Haben wir uns verirrt?“
Die Wasserjungen zügelten ihre Katzenhaie. Amanda und Amadeus purzelten fast hintenüber, denn die jungen Haie mussten erst lernen, behutsam zu bremsen.
„Natürlich insch Korallenlabyrinth, wohin schonscht?“, wiederholte Herr Kubus gereizt. „Wir beschuchen ja Schwergkorallen-Dinoschaurier, die wohnen natürlich in den Korallen. Schie haben schich im Korallenlabyrinth ein wunderschönesch Hausch mit Garten für ihre gansche Familie eingerichtet.“

Pimpinella warf Nick einen furchtsamen Blick zu. „Wir reiten direkt in das Korallenlabyrinth, da finden wir doch nie wieder heraus!“
Amanda winkte hinter Nicks Rücken mit ihrem Vasenschwamm, um sich bemerkbar zu machen. „Das stimmt nicht!“, rief sie. „Meine Mama hat mir gesagt, wenn man in einen Irrgarten gerät, muss man einfach immer rechts lang schwimmen, dann ist man ganz bald wieder draußen.“
Herr Kubus brummte zufrieden. „Schelbscht dieschesch Wascherflohei weisch mehr alsch du, Pimpinella. Hascht du den Unterricht in Korallenkunde gansch verschlafen?“
Pimpinella antwortete nicht. Dass der Postfisch sie schon wieder belehrte, fand sie total doof.
Nick bemerkte, wie sauer sie war. „Hey, mach dir nichts daraus. Du musst doch nicht alles wissen. Schließlich bist du eine ganze Weile *oben* in die Schule gegangen. Dafür kann Herr Kubus weder mit Tröten noch mit Konfetti oder dem

anderen tollen Kram was anfangen, den wir in der Schatztruhe gefunden haben. Keine Sorge: Mit einem Seepferdchen findest du aus jedem Labyrinth wieder heraus.“ Er zwinkerte ihr verschwörerisch zu.
„Mach dir nichts daraus, Pimpinella“, plapperten Amanda und Amadeus im Chor nach. „Wir freuen uns schon ganz doll auf den Ball. Du bist echt lieb!“
Pimpinella strahlte wieder. „Danke. Ihr auch“, sagte sie gerührt.
„Jetscht aber endlich weiter!“, brummte Herr Kubus aus seinem Vasenschwamm heraus. Er warf einen scheuen Blick auf die Katzenhaie. So ganz geheuer waren ihm diese Tiere nicht, das sah man ihm deutlich an.

Ohne weiteren Zwischenfall erreichten sie das breite Tor des Korallenlabyrinths.
Es sah wunderschön und sehr geheimnisvoll aus, wie sich die purpurroten Korallen über die schroffen Felsen rankten. Pimpinella verstand plötzlich, warum es so viele Meeresbewohner zu diesem Ort hinzog. Für manche ging der Spaziergang durch das Korallenlabyrinth jedoch gar nicht gut aus. Sie fanden nämlich nie mehr aus dem Irrgarten heraus. Deshalb hatte Pimpinella ein höchst mulmiges Gefühl. Auch wenn Herkules sie beschützte.
„Schehr gut“, sagte Herr Kubus zufrieden und sprang putzmunter von seinem Luftballon-Lager. „Wir haben unscher nächschtesch Schiel erreicht und auscherdem den schreckli-

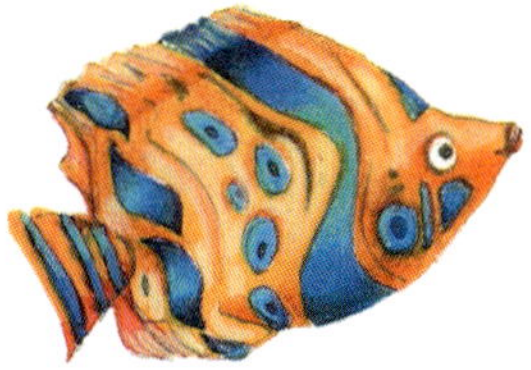

chen Wirbelwaschergeischt erfolgreich abgeschüttelt. Folgt mir, Kinder!“ Er paddelte durch das Tor voran.
Gerade in diesem Augenblick kam es Pimpinella so vor, als würde sie ein leises, heiseres Lachen hören. Es kam ganz aus der Nähe.
Sie blickte sich ängstlich um. Aber es war einfach noch zu dunkel, um zwischen blühendem Wasserginster und Büscheln aus Schilfgras etwas oder jemanden zu erkennen.

Sicherheitshalber holte sie den schwarzen Stein aus ihrer Flossentasche, den ihr Mari mit auf die Reise gegeben hatte. Er sollte sie beschützen und böse Dinge von ihr fernhalten, hatte Mari gesagt. Pimpinella behielt den Stein fest in ihrer Hand und dachte an Mari. Das Meermädchen war wirklich eine gute Freundin.
Nach kurzer Zeit wurde der Stein richtig heiß. Pimpinella durchströmte ein wohliges Gefühl. Und ganz langsam verschwand ihre Angst wie ein böser Traum. Sie fing sogar an, die wunderschönen Korallen, die auf dem Weg wuchsen, zu bewundern. Welche unheimliche Gestalt da auch gelacht haben mochte – es kümmerte Pimpinella keine Miesmuschel mehr.

Besuch bei den Mini-Dinos

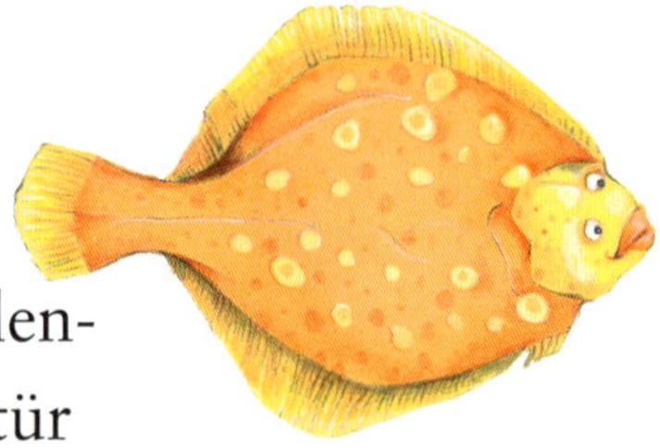

Kurze Zeit später hatten sie das Haus der Zwergkorallen-Dinosaurier erreicht.
Flabella, ihres Zeichens Frau Zwergkorallen-Dinosaurier, kam aufgeregt aus der Haustür geschwommen. Sie war durch den hohen Wellengang darauf aufmerksam geworden, dass Fremde im Anritt waren.
„Meister Kubus!“, rief sie fröhlich. „So eine Überraschung. Haben Sie Ihre Freunde mitgebracht?“
Pimpinella betrachtete Flabella Zwergkorallen-Dinosaurier neugierig. Sie begrüßte den Kofferfisch wie einen uralten Freund und wirkte total nett.
Oma Ida hatte Pimpinella zu ihrem sechsten Geburtstag ein Buch über Dinosaurier geschenkt. Die waren ja eigentlich vor vielen Tausend Jahren ausgestorben. Flabella sah einem Mini-Flugsaurier jedoch wirklich zum Verwechseln ähnlich. Dabei wirkte sie allerdings gar nicht gefährlich, sondern so zart wie ein flatternder Schmetterling. Ihre Haut schillerte zartlila und golden zugleich, dazwischen schimmerten rosa Punkte. Aus Flabellas Rücken wuchsen zwei rote Flügel, die ähnelten feinen Korallenästen. Diese Flügel bewegte sie

sekundenschnell auf und ab, während sie mit Herrn Kubus sprach.

„Darf ich vorschtellen, liebe Frau Flabella“, sagte der Postfisch und verbeugte sich elegant. „Dasch ischt meine Reischegefährtin Pimpinella Scheeschtern, schie ischt die Tochter von Lorelai. Ein paar Kinder ausch dem Felscheninternat geben unsch Geleit. Pimpinella hat eine Nachricht von Waschermann Grünbart für Schie und Ihre Familie.“

Flabella Zwergkorallen-Dinosauriers Flügel erstarrten vor Staunen. „Nein!“, rief sie aus. „Die Meerprinzessin besucht uns in unserer bescheidenen Hütte? Ich habe ja noch nicht einmal die Betten ausgeschüttelt!“ Sie kriegte sich gar nicht mehr ein und versuchte sogar einen ungeschickten Knicks vor Pimpinella.

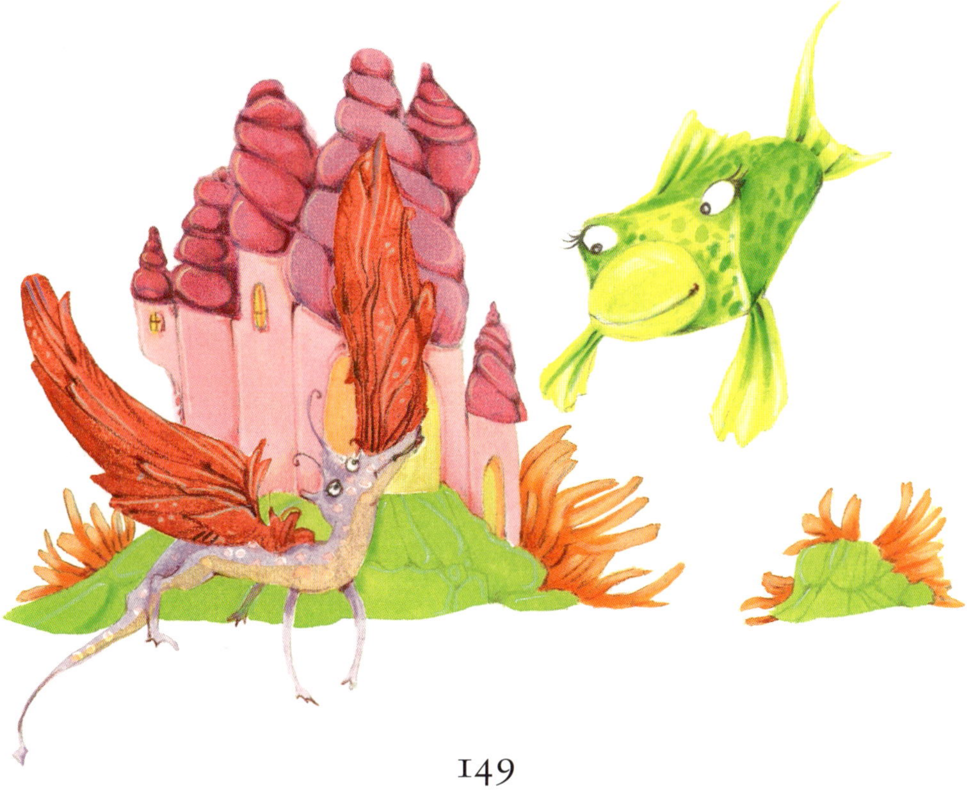

Pimpinella wurde vor Verlegenheit knallrot. „Ich kann doch gar nichts dafür, dass ich eine Prinzessin bin“, sagte sie bescheiden. „Das liegt nur daran, dass der Wasserkönig mein Opa war. Wir machen ein großes Sommerfest im Muschelschloss, einen richtigen Maskenball mit Verkleiden und so. Es wäre total super, wenn Sie mit Ihrer Familie vorbeikommen würden. Am besten, Sie kommen gleich alle mit, damit Sie sich nicht verirren.“
Flabella lachte so sehr, dass ihre Flügel vibrierten wie bei den tanzenden Libellen in Oma Idas Obstgarten. „Wer in einem Labyrinth wohnt, der findet überallhin, liebe Pimpinella.“ Sie kicherte. „Aber die Einladung nehme ich sehr gerne an. Ein bisschen anderes Wasser macht unseren Kleinen bestimmt Spaß. Wenn es nach mir geht, können wir gleich nach dem Frühstück los. Die Wellen sind heute so sanft, dass wir hier im Freien essen können. Außerdem passt ihr großen Mädchen und Jungen sowieso nicht in unser winziges Haus.“
Sie stieß einen schrillen Lockruf aus. Diese kräftige Stimme hätte ihr Pimpinella gar nicht zugetraut. Sogleich kam ein ganzer Schwarm kleiner Dinos herbeigeflattert und umringte Pimpinella und die anderen Kinder neugierig.
Die Mini-Dinosaurier hatten überhaupt keine Angst vor ihnen. Als sie von ihrer Mutter erfuhren, dass sie auf einen Maskenball eingeladen waren, fiepten und quietschten sie in einer Lautstärke los, dass Pimpinella direkt wieder Ohrensausen bekam.

„Mittlerweile sind es zwölf, da ist immer ganz schön was los“, klärte Flabella Herrn Kubus auf. „Aber wir lieben unsere Kinder einfach. Die Drillinge sind gerade ein Jahr alt geworden.“ Sie strich ihren Jüngsten stolz über die winzigen Flügel.

„Was ist denn das für ein Krach am frühen Morgen?“ Ein tieferer Klang mischte sich zwischen die hohen Töne. Es war Herr Zwergkorallen-Dinosaurier.

Er arbeitete als Nachtwächter im Korallenlabyrinth und passte auf, dass sich keine Taugenichtse in den Irrgarten ein-

schlichen. Gerade kam er von der Arbeit nach Hause. Der Arme sah furchtbar müde aus. „Wir machen einen Ausflug ins Muschelschloss, Papa“, fiepten die Zwergkorallen-Dinosaurierkinder im Chor. „Der Wassermann und diese Prinzessin da haben gesagt, wir dürfen.“ Sie streckten ihre langen Hälse strahlend in Pimpinellas Richtung.

„Heiliger Muschelschleim“, rief Herr Zwergkorallen-Dinosaurier. „Das ist ja eine Ehre. Die Meerprinzessin höchstpersönlich. So ein Glück für unser Heim. Ich habe schon viel Gutes über Sie gehört.“ Er verbeugte sich respektvoll vor Pimpinella.

Pimpinella wusste gar nicht, wo sie hinschauen sollte. Wie peinlich war das denn! Sie entschloss sich, auf Herrn Zwergkoralles große Füße zu gucken, um nicht wieder so rot wie ein gekochter Hummer zu werden. Seine langen Zehen hatten ungeheuer scharf geformte Krallen. Pimpinella erwischte sich dabei, dass es sie ein wenig gruselte. Streiten sollte man sich auch mit einem winzigen Dinosaurier lieber nicht, dachte sie.

Nick und Floris hatten sich hinter ihrem Rücken verschanzt und machten dumme Witze.

„Oh, Königliche Hoheit“, kicherte Nick ihr ins Ohr. „Darf ich ein einziges Mal über Ihre linke Schulter spucken? Das bringt mir bestimmt Glück ...“

Floris bekam einen schrecklichen Lachanfall und warf sich einfach auf den Boden.

„Hey, ich will auch mitlachen“, protestierte Amanda. „Wen lacht ihr denn gerade aus? Die ulkigen Dino-Babys? Ich bin froh, dass ich keine Flügel habe, aber ehrlich.“

Herr Kubus warf ihnen bitterböse Blicke zu. „Wenn ihr euch nicht benehmen könnt, schicke ich euch auf der Schtelle insch Felscheninternat schurück“, zischte er. „Ich habe nur den Auftrag, mit Pimpinella schu reischen und nicht mit

einer Horde läschtiger
Quallen. Wir schind hier
schlieschlich schu Gascht."
Soeben flatterte Flabella mit einem Berg Frühstück herbei. Sie hatte die letzten Worte von Herrn Kubus mitbekommen. „Nicht aufregen, lieber Freund", beschwichtigte sie ihn. „Das sind doch nur Kinder – selbst wenn sie im Vergleich zu meinen so groß sind wie Riesen. Sie machen bestimmt nur Spaß."
Flabella zwinkerte Pimpinella zu. „Du hast doch sicher keinen großen Appetit auf Spinnenbrei oder Nacktschnecken.

Vielleicht magst du lieber diese Fischbällchen mit frischem Kohlsalat. Ein wenig süßen Rosensirup hätte ich auch noch für dich."
In diesem Moment schloss Pimpinella Flabella ganz innig ins Herz. Über so eine liebe und fürsorgliche Mama konnte jedes einzelne Zwergkorallen-Dinosaurierkind wirklich total froh sein.
Als alle satt und zufrieden waren und Herr Kubus den letzten Krümel Spinnenbrei aufgeschmaust hatte, pfiff Flabella Zwergkorallen-Dinosaurier ihre zwölf Kinder in Reih und Glied. Dann zählte sie ihre Kinderschar sicherheitshalber noch einmal durch, während ihr Mann sorgfältig das Haus verriegelte.
„Passen wir denn alle zusammen auf mein Seepferdchen?", fragte Pimpinella Herrn und Frau Zwergkorallen-Dinosaurier besorgt. „Ich weiß nicht, ob die Katzenhaie sich mit Ihren Kleinen so gut verstehen würden. Sie fürchten sich vielleicht vor ihren Krallen. Die Haie sehen zwar gefährlich aus, sind aber selbst noch sehr jung und schreckhaft. Und um den ganzen weiten Weg zu flattern, sind die Minis doch bestimmt noch viel zu klein. Hinterher verfliegen sie sich und wir verlieren jemanden."
Aber Herr Zwergkorallen-Dinosaurier wusste wie immer Rat. „Kein Problem." Er lächelte beruhigend. „In der achten Straße von drüben links, rechts um die Ecke hintenrum, macht der Walbus gerade Rast. Ich weiß, dass er für keinen dringenden Transport gebucht ist. Für die Reise ins Muschel-

schloss nimmt er die Kinder bestimmt sehr gerne auf seinen Rücken."

Die Zwergkorallen-Dinosaurierkinder sprangen vor Übermut in die Luft.

„Juchuuh! Wir fahren mit dem Bus, wir fahren mit dem Bus, wir fahren mit dem W-a-a-a-a-l-bus!", sangen sie lautstark.

„Halt, Kinder!", bremste Flabella ihre Begeisterung. „Zuerst müssen wir den Wal doch fragen, ob er überhaupt Lust dazu hat."

Herr Kubus machte ein erfreutes Gesicht. Er schien den Vorschlag prima zu finden. „Kein Problem, meine liebe Flabella. Unschere Prinscheschin macht dasch schon.

Den Auftrag vom Waschermann und einer echten Meerprinscheschin wird der Walbusch beschtimmt nicht auschschlagen. Im Muschel-

schlosch bekommt er dafür alsch Lohn eine leckere Ladung Grünalgen und einen ruhigen Platsch schum Auschruhen im Schtall bei den Scheepferdchen."
Pimpinella nickte eifrig. „Na klar. Ich düse sofort zu ihm hinüber und frage." Sie paddelte eilig los. Mit dem schwarzen Schutzstein in der Hand bewegte sie sich so sicher durch das Korallenlabyrinth wie durch Oma Idas Obstgarten.

Ein Walbus kommt in Fahrt

Der Walbus entpuppte sich als ausgesprochen freundlicher, dicker Pottwal.
„Nichts ist langweiliger, als irgendwo im Seegras herumzuliegen“, sagte er und gähnte. „Ich komme total gerne mit, vielleicht treffe ich ein paar alte Kumpels wieder. Wohnt im Schloss nicht auch diese Pataria? Mit der habe ich noch eine alte Muschelrechnung offen. Sie ist nämlich schon mal auf meinem Bus mitgefahren, ohne dafür zu bezahlen. So schnell, wie diese komische Seegurke verschwunden war, konnte ich gar nicht hinter ihr herwalzen. Außerdem hatte ich noch andere Fahrgäste, die das Haifischboot kriegen mussten.“
Pimpinella kicherte. „Frau Pataria ist unsere Schulleiterin im Muschelschloss. Sie ist ziemlich streng.“
Der Walbus lachte dröhnend los. „Na, diesen Giftzahn werde ich ihr ziehen, Herzchen.“
Die Familie Zwergkorallen-Dinosaurier sprang fröhlich auf den Walbus auf und begann sogleich, ein selbst gedichtetes Wanderlied zu singen.

Wir fahren mit dem Bus, mit dem Bus,
wir fahren mit dem Wa-a-a-lbus.
Das bringt uns viel Genuss, viel Genuss,
das bringt uns viel Genu-u-u-ss.
Durch Wasser, Wellen, Ozean,
ach, kämen wir doch niemals an.
Denn Walbusfahren macht Riesenspaß –
durch Wasserrosengärten, S-e-e-e-gras!

Pimpinella fand die Zwergkorallen-Dinosaurierfamilie ziemlich witzig. Am liebsten wäre sie auch auf den Walbus gestiegen, so wie das Amanda und Amadeus kurzerhand taten. Die Dinos verbreiteten nämlich supergute Laune. Aber leider musste Pimpinella ja mit Herkules die Reisekarawane anführen, damit sie sich nicht heillos verirrten. Schließlich gab es auf dem Meeresgrund weder Straßenschilder noch Ampeln. Sie klapperte die bisherige Reiseroute in Gedanken noch einmal ab.

Anfangs war es so schwierig gewesen, die Gästeliste abzuarbeiten. Erst hatte ihnen Coralla einen Strich durch die Rechnung gemacht, dann hatte der Blindfisch Meister Astyx lieber nicht mitschwimmen wollen. Aber plötzlich lief alles wie am Perlenschnürchen. Insgeheim hoffte Pimpinella immer noch, dass es sich Herr Astyx anders überlegte. Vielleicht sollte sie den Wal bitten, einen kleinen Umweg zu schwimmen. Konnte doch sein, dass der Blindfisch nach Corallas Verschwinden etwas zur Ruhe gekommen war und plötzlich Lust auf einen kleinen Urlaub hatte.

Aber zunächst klopfte Pimpinella an der Muscheltür von Lanzelot Ritter, einem kleinen Ritterfisch mit schwarzweißen Flossen, an.

Herr Ritter freute sich riesig, dass Herr Grünbart sich noch an ihn erinnerte. Seitdem er einmal als Sprachlehrer im Muschelschloss ausgeholfen hatte, war er nämlich unsterblich in Pimpinellas Lehrerin Frau Fledermaus verliebt. Er war im Pazifik geboren worden und sprach zehn sehr seltene Fischdialekte perfekt. Trotzdem war er total schüchtern und hatte leider bis jetzt nie den Mut gefunden, Batavia Fledermaus seine Liebe zu gestehen.

„Oje", stöhnte er. „Ich muss mich verkleiden? Als was denn nur?"

Pimpinella überlegte angestrengt. „Wie wäre es, wenn Sie als Fledermaus-Mann kämen? Das steht Ihnen bestimmt supergut und ist auch nicht so schwierig!"

Sie versuchte, ernst zu bleiben, um ihre wirklichen Absichten nicht zu verraten, obwohl ihr Herz vor Vergnügen hüpfte. Denn jeder im Muschelschloss wusste, dass Frau Fledermaus auch Herrn Ritter besonders süß fand. Wenn er nun als Fledermaus-Mann auftauchen würde, könnte Frau Fledermaus das als Zeichen seiner Zuneigung erkennen. Pimpinella drückte sich selbst die Daumen, dass ihr Plan aufgehen würde.

„Ja!", rief Herr Ritter erfreut. „Das ist eine tolle Idee, Pimpinella. Einen schwarzen Umhang habe ich und meine Zähne sind ohnehin etwas", er räusperte sich verlegen, „riesig geraten, wie jeder sehen kann." Er packte eilig seine Sachen zusammen und stieg gut gelaunt auf den Walbus. Übermütig setzte er sich ganz nach vorne, denn plötzlich konnte er es

gar nicht mehr erwarten, Frau Fledermaus vor die Flossen zu schwimmen.
Als Nächsten lud die muntere Gesellschaft einen einsamen Riffbarsch ein.
Er fiel Pimpinella fast um den Hals, als sie ihm die Einladung vortrug. Denn seit seine drei Brüder verheiratet waren, langweilte er sich in seiner Höhle fast zu Tode. Er hatte gerade überlegt, ob er in eine andere Gegend auswandern sollte, als der Walbus vor seiner Tür hielt. Er schnappte eine kleine Reisemuschel, die schon gepackt im Sand stand, und hechtete jubelnd auf den Walbus.
„So!“ Pimpinella strahlte. „Alles perfekt!“ Sie guckte in die Schreibmuschel, die ihr der Wassermann mitgegeben hatte und in die noch jede Menge Namen eingeritzt waren. „Als Nächstes sammeln wir zwei Lampionfische auf. Die beiden haben bereits zugesagt“, teilte sie ihren Mitreisenden mit.
Die Walgesellschaft traf die Lampionfische bei einer Familienfeier an. Sie waren extrem müde, weil sie tagelang durchgeleuchtet hatten. Bei ihnen zu Besuch waren zufällig drei weitere Verwandte und vier Leuchtaugenfische, die den Wassermann über mehrere Muschelecken kannten. Spontan beschlossen alle neun mitzukommen. Schließlich brauchte so ein Maskenball ja jede Menge Licht.
Nach einer kleinen Verschnaufpause, in der sich der Wal mit Herkules knackfrische Wasserrosenblätter teilte, ging es weiter zu Frau Dia und ihren zwei Töchtern. Sie wohnten in

einer wunderschönen Muschelsiedlung, in der jede Muschel so schneeweiß wie die Nachbarmuschel war. Allerdings lebten die drei Diademseeigel natürlich nicht in Muschelhäusern, sondern eingebuddelt in feinstem Sand.
„Selbstverständlich kommen wir mit!“, jubelten sie aufgeregt, als Pimpinella ihnen die Einladung zum Sommerfest vortrug. „Welche außergewöhnliche Ehre! Wir werden uns nützlich machen und den Gästen beim Schminken und Frisieren helfen.“
Sie warfen jede Menge Nadeln, Kämme und sonstigen Haarschmuck in einen riesigen Vasenschwamm und hievten ihn keuchend auf den Walbus.
Die zarten Leuchtaugenfische, die Angst vor den stacheligen Igeln hatten, räumten eilig ihre Plätze und flüchteten nach vorne zu Herrn Ritter. Dieser guckte bereits seit einigen Stunden mit glänzenden Augen stur geradeaus und träumte von dem Wiedersehen mit Frau Fledermaus.
Auch wenn die Sommerfest-Gäste, die Pimpinella nach und nach auf den Walbus paddeln ließ, sehr unterschiedlicher Natur waren: Alle fanden die Idee, im Muschelschloss einen Maskenball zu veranstalten, einfach super!
Als der Walbus eigentlich schon brechend voll war, sammelte Pimpinella noch ein Dutzend knallbunte Falterfische ein. Sie waren alle mit Madame Karma verwandt und beinahe genauso verrückt. Sie kicherten ohne Unterlass und quatschten unbekümmert mit jedem Fisch an Bord.

Außerdem konnten sie keine Sekunde still stehen und alberten selbst mit Herrn Kubus ohne Hemmungen herum. „Dasch junge Volk macht mich noch waaaaahnschinnig“, ächzte der Kofferfisch und wedelte sich mit seinen Flossen kühlende Wellen zu. „Nach diescher Mischion brauche ich erscht einmal eine Kur in der Einschiedelei.“

Er zog gerade noch den Kopf ein, bevor ihm zwei gelenkige Turnierfische auf die Flossen hopsten.

Sie einzuladen, war für Herrn Grünbart Ehrensache gewesen. Denn obwohl sie Spitzensportler waren, hatte man sie beim letzten Wettbewerb einfach vergessen.
„So", rief Pimpinella schließlich höchst zufrieden und klatschte in die Hände. „Der Bus ist zum Bersten voll. Herr Grünbart kann echt stolz auf uns sein."

Eine eitle Langnase

In der Tat: So beladen war der Walbus noch nie zuvor gewesen. Er keuchte mächtig unter seiner schweren Last. Als er in die Riffstraße einbog, bekam er Schlagseite und kippte beinahe um. Die Falterfische kreischten hysterisch auf und die Lampenfische fingen erschrocken zu blinken an.
Ausgerechnet der Langnasen-Doktorfisch, der in einem steilen Außenriff lebte, hatte überhaupt keine Lust mitzukommen. Dabei war er der Vorletzte auf der Liste und hatte ein doppeltes Kreuz neben seinem Namen stehen, was bedeutete, dass es besonders wichtig war, dass er mitkam.
„Ach, bitte, bitte, bitte“, bettelte Pimpinella inständig. „Doktor Achilles freut sich schon riesig, Sie wiederzusehen. Er will unbedingt ein paar geheime Rezepte mit Ihnen austauschen.“ Sie sah ihn erwartungsvoll an.
„Ach, nee“, zierte die Langnase sich. „Und als was sollte ich mich verkleiden? Zum Schluss lachen wieder nur alle über meine lange Nase. Es ist doch immer das Gleiche.“
Pimpinella zuckte hilflos mit den Achseln. Sie wusste nicht mehr weiter.
Plötzlich mischte sich Amanda ein. „Oh, oh, oh!“, rief sie

und fasste dem Langnasen-Doktorfisch ungeniert an seine Nase. „Ist die toll! So eine lange hätte ich auch total gerne. Aber ich habe ja nur so einen winzigen Stummel im Gesicht.“ Sie zog einen Flunsch.

Die Langnase musterte sie misstrauisch. „Machst du dich jetzt über mich lustig? Wieso findest du meine Nase toll?“

Amanda schenkte ihm ihr liebstes Lächeln. „Weil Sie mit so einer Nase viel schlauer sind als alle anderen.“

Der Langnasen-Doktorfisch schüttelte verwundert den Kopf. „Und warum?“

Amanda strahlte gewinnend. „Na, weil Sie mit diesem Zinken allen anderen eine Nasenlänge voraus sind und darum

alles besser wissen. Ist doch klar wie Schneckenbrühe, oder?"
Die Langnase überlegte einen Moment lang angestrengt. Schließlich schlug sie sich mit der Seitenflosse gegen die Stirn. „Na klar. Dass ich nicht selbst darauf gekommen bin. Kindermund tut Wahrheit kund. Du bist wirklich pfiffig!"
Er wühlte mit seiner großen Nase im Sand herum. „Hier sind noch ein paar Sanddollar vergraben, kauf dir was Schönes davon."
Der Langnasen-Doktorfisch gesellte sich singend zu den anderen Fahrgästen. „Ich bin schlau, ich bin schlau, ich bin ober-ober-schlau …"
Pimpinella seufzte erleichtert auf. „He, super Idee, Babyschnecke." Sie zwinkerte Amanda grinsend zu.
Amanda zwinkerte zurück und verschwand wieder zu den anderen auf den Bus.

„Jetscht nur noch die liebe Maja“, frohlockte Herr Kubus. „Schie ischt die Letschte auf deiner Lischte. Dann haben wir esch geschafft.“
Pimpinella grübelte angestrengt nach. „Maja, Maja. Wer war das denn noch mal schnell?“
Herr Kubus nickte. „Dasch ischt doch die Atlantische Rieschenscheeschpinne, die alsch Baby schu unsch insch Muschelschlosch gekommen ischt. Ein gansch liebesch Ding und schehr anhänglich. Weischt du, dasch schie eigentlich eine Krabbe ischt? Auch wenn schie nicht scho auschieht …“
Pimpinella ging ein Licht auf. „Ach, *die* Maja. Aber die ist doch bestimmt riesig gewachsen in der Zwischenzeit. So viel Platz ist nicht mehr auf unserem Bus. Und vielleicht bekommen die anderen Gäste auch Angst vor ihr. Oder sie hat dummerweise Hunger und frisst sie auf.“
Herr Kubus schwieg. Das war ein gutes Zeichen und hieß, dass er nachdachte, bevor er wieder herummeckerte.
„Dann schicken wir Maja einfach schu Meischter Aschtyx. Scho hat schie eine Aufgabe. Dasch macht ihr beschtimmt gute Laune. Die beiden haben schich immer gut verschtanden. Auf ihrem Rücken ischt er schneller im Muschelschlosch alsch mit dem Walbusch. Meischter Aschtyx fände die vielen fremden Fische auf dem Walbusch wahrscheinlich schowiescho nervig.“
Und genauso geschah es.

Spinnen-Gymnastik

Der Walbus hielt in einiger Entfernung und Pimpinella ritt mit Herrn Kubus im Gepäck zu der Bucht, in der Maja wohnte.
Diesmal schwamm Herr Kubus das letzte Stück vor, weil Pimpinella nicht sicher war, ob die Spinne sich noch an sie erinnerte.
Maja kauerte auf einem flachen Stein, der mit Wassermoos bewachsen war. Sie reckte und streckte gelangweilt ihre haarigen Beine in alle Richtungen. Obwohl die Spinnenkrabbe riesig geworden war, sahen ihre Bewegungen irgendwie witzig aus. Ein bisschen wie Turnübungen in Zeitlupe. Pimpinella hielt sich die Hand vor den Mund, damit sie nicht laut loskicherte. Sie ahnte, dass Maja nicht besonders erfreut sein würde, wenn man über sie lachte.
„Maja, meine schüsche kleine Krabbe! Ich schtaune immer wieder, wie graschiös du dich bewegen kannscht. Du scholltescht wirklich schum Wascherballett gehen“, rief Herr Kubus aus und hielt in sicherer Entfernung an. Schließlich konnte es zu leicht passieren, dass die

große Maja ihn versehentlich mit einem ihrer kräftigen Beine traf. „Isch bringe heute eine wundervolle Überraschung für dich mit.“

Pimpinella staunte. Egal, wen Herr Kubus auf ihrer gemeinsamen Reise ködern wollte – er traf einfach immer den richtigen Ton.

Maja hielt mit ihrer Gymnastik inne und starrte den Postfisch erfreut an. Ihr ganzer haariger Körper begann plötzlich zu vibrieren und das hörte sich in Pimpinellas Ohren wie leises Katzenschnurren an. Das Meerwasser fing sanft zu sprudeln an wie ein Blubberbad.

„Hat dir mein Fantasietanz wirklich gefallen, Kubus?“, fragte Maja mit tiefer Stimme. „Ich traue mich einfach nicht vorzutanzen“, klagte sie. „Bin ich nicht zu dick und plump für eine Ballerina?“

Sie streckte zwei dünne Beine nach ihm aus. „Hast du etwa eine Briefmuschel für mich?“

Herr Kubus schüttelte verneinend sein Maul und machte einen Satz nach hinten.

„Eine Briefmuschel habe ich nicht im Gepäck, aber dafür hat schich deine alte Freundin Pimpinella Meerprinscheschin extra mit mir schuschammen auf den langen Weg gemacht, um dich auf die Schommerparty im Muschelschlosch einschuladen. Freuscht du dich?“ Er drehte sich um und zeigte mit den Flossen auf ein Büschel Seegras, hinter dem sich Pimpinella verborgen hielt.

Maja hielt mitten in einer Verrenkung inne. Vor Aufregung

begann sie, mit ihrem Maul zu klappern. „Was sagst du da?“, kreischte sie schließlich. „Pimpinella ist hier? Wo?“
Pimpinella nahm allen Mut zusammen und hüpfte hervor. „Hallo, Maja“, sagte sie schüchtern. „Nett, dich wiederzusehen. Du bist ja ganz schön gewachsen.“
Im gleichen Augenblick schossen zwei von Majas Beinen blitzschnell nach vorne und umkrallten die vollkommen überraschte Meerprinzessin so fest, dass ihr beinahe die Luft wegblieb.
Bevor sie Angst bekommen konnte, rief Maja mit begeisterter Stimme aus: „Meine süße Pimpinella, meine süße Pimpinella, meine allerallersüßeste Pimpinella.“ Dazu führte sie mit Pimpinella einen Freudentanz auf, dass dieser Hören und Sehen verging.
„Aufhören!“, kam Herr Kubus ihr zu Hilfe. „Schofort aufhören, Maja! Der armen Prinscheschin wird ja gansch schwindelig.“
Maja blieb abrupt stehen und ließ Pimpinella vor sich auf einen weichen Wasserschwamm plumpsen.
„Mir ist schlecht!“, keuchte Pimpinella und strich sich eine Haarlocke aus dem Gesicht. „Ganz doll.“
Maja schüttelte besorgt ihren riesigen Kopf. „Ojemineh“, jammerte sie. „Das habe ich wirklich nicht gewollt.“
Zwei kugelrunde Tränen rollten aus ihren großen Augen und purzelten ins Wasser.
„Geht schon wieder“, ächzte Pimpinella und setzte sich vorsichtig auf ihre Flosse.

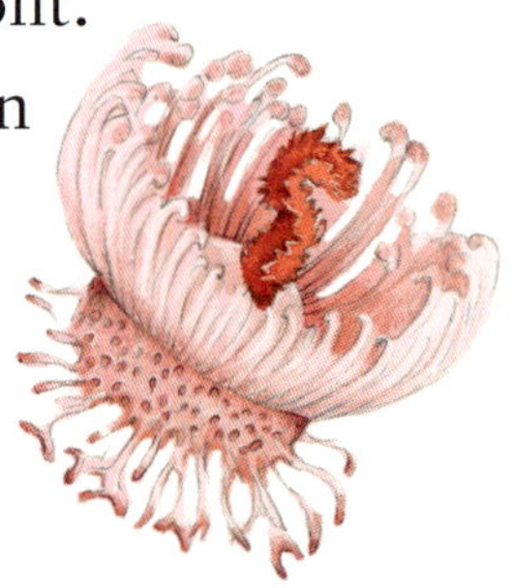

Maja strich der Meerprinzessin mit ihren kratzigen Beinen über das rote Haar. „Tut mir leid. Ich vergesse immer wieder, wie empfindlich ihr kleinen Dingerchen seid. Dem lieben Herrn Kubus habe ich das letzte Mal, als wir uns begrüßten, die Flosse verstaucht.“ Sie seufzte bekümmert.
„Schtimmt!“, sagte Herr Kubus und schüttelte nervös seine Schuppen. „Dasch tat furchtbar weh!“ Er wechselte eilig das Thema und weihte Maja in ihre Pläne ein.
„Meister Astyx?“, rief Maja erfreut. „Na klar. Den alten Schlaufisch habe ich auch schon ewig nicht mehr an mein Herz gedrückt. Ich bin schon unterwegs. Ob er will oder nicht: Meister Astyx kommt mit ins Muschelschloss. Dafür werde ich schon sorgen.“ Sie wuselte eifrig davon.
„Ich glaube, wir müssen uns keine Gedanken mehr darüber machen, ob Meister Astyx die Einladung annimmt!“ Pimpinella stöhnte. „Aber wenigstens hat Maja mich nicht mit ihrem Mittagessen verwechselt.“ Sie schaute zufrieden in ihre Briefmuschel. „Wir sind komplett, Herr Kubus!“, rief sie stolz. „Dann auf ins Muschelschloss!“

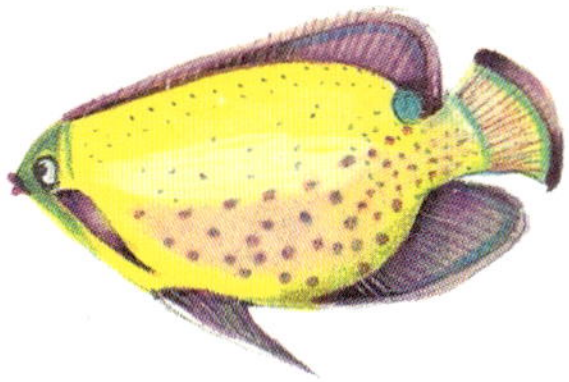

Kunterbunte Willkommensgrüße

Als Pimpinella das Muschelschloss aus der Ferne erblickte, erkannte sie es fast nicht wieder. Es blitzte und glitzerte wie ein kostbares Schmuckstück.
Die Meermädchen hatten in der Zwischenzeit nicht auf der faulen Schuppe gelegen und das Internat für das Sommerfest festlich geschmückt. Jede Muschel war von den Putzerfischen einzeln nachpoliert worden, sodass das Schloss wie magisch schimmerte. Und dabei hatte noch kein einziger Leuchtaugenfisch sein Licht angeknipst.
Pimpinella ritt mit klopfendem Herzen auf Herkules vorneweg, gefolgt von Nick und Floris, Amanda und Amadeus auf den jungen Katzenhaien. Die Katzenhaie klapperten ungeduldig mit ihren Mäulern. So einen langen Weg mit Reitern auf ihrem Rücken zu schwimmen, waren sie nicht gewohnt. Aber jetzt war es ja nicht mehr weit.
In einigem Abstand folgte der Walbus. So überbeladen wie er war, schwankte er wie ein Schiff auf hoher See hin und her. Die Falterfische sangen muntere Lieder und die Lampionfische blinkten zur Begrüßung.
„Was ist das denn?“, rief Pimpinella plötzlich und stoppte

Herkules so abrupt, dass die Katzenhaie beinahe über das Seepferdchen stolperten.
Ein riesiges, unbekanntes Objekt glitt geradewegs auf die Karawane zu. War das ein Fisch? Oder gar eine fliegende Untertasse, die vom Himmel ins Meer gefallen war?
Pimpinella kniff die Augen zusammen, um besser sehen zu können.
Alles Quatsch! Das Ding war eindeutig ein Unterwasserschiff. Es sah aus wie ein versunkenes Piratenschiff, war aber offensichtlich voll fahrtüchtig. Im Bug thronte der Vampirtintenfisch Thomas und winkte ihnen aufgeregt zu.
„Pimpinella, da bist du ja endlich wieder!“, jubelte er. „Wir haben schon gedacht, du kommst nie!“ Er spuckte vor Aufregung jede Menge farbenprächtige Tinte.
„Dann kann die Party ja losgehen!“

Pimpinella ritt ganz nah an das lustige Gefährt heran und schwang sich zu Thomas hinüber. Herkules galoppierte die letzte Strecke bis zum Muschelschloss neben dem Schiff her, während Herr Kubus es vorzog, allein hinterherzupaddeln. Pimpinella vermutete, dass es ihm als Postfisch peinlich gewesen wäre, in einem Vasenschwamm voller Luftballons und nicht kraft eigener Flosse im Schloss anzukommen.
Dafne, Effi, Mari und eine Handvoll anderer Meermädchen stürmten dem Walbus begeistert entgegen und begrüßten die Gäste mit bunten Muschelketten und Blumengirlanden, die sie als Willkommensgruß gebastelt hatten.
Nur Herr Grünbart war noch nicht zurück im Muschelschloss, wie Pimpinella sogleich erfuhr. Er war in streng geheimer Mission unterwegs. Pimpinellas Herz fing wie wild an zu klopfen. Sie wusste ja genau, wohin der Wassermann geschwommen war. Nach *oben*, zu ihrer Mama!
Ihre drei Freundinnen waren bereits total verrückt verkleidet.
Mari sah aus wie ein stacheliger Igel – ihre Haare standen mithilfe von Schneckenschleim in alle Meeresrichtungen ab.
Dafne hatte sich ein Kleid genäht, das ganz aus duftenden Wasserrosenblüten bestand. Sie sah sehr schick darin aus – wie eine aufgehende, wunderschöne Blume.
Effi schwamm als schillernde Riesenmuschel umher. Sie war vom Scheitel bis zur Schwanzflosse mit rosafarbenen Muscheln behängt und klapperte bei jeder kleinsten Bewegung wie eine geöffnete Austernmuschel bei hohem Wellengang.

Selbst auf ihrem Kopf saß eine knallrote Muschelhälfte. Die konnte man glatt für einen flotten kleinen Hut halten.
So ein tolles Kostüm konnte sich Pimpinella nicht mehr basteln. Aber mit ihrem Piratenhut und der Seemannsjacke sah sie ja trotzdem todschick aus.
„Die Wasserjungen aus dem Felseninternat sind auch schon da", jubelten die Meermädchen. „Und Professor Patros. Der braucht sich gar nicht zu verkleiden. Er schaut auch so schon voll gruselig aus." Sie kicherten.
„Aber Nick und Floris sind nicht mitgekommen und keiner weiß, wann sie auftauchen werden", berichtete Dafne wichtig. „Sie trainieren echte Katzenhaie."
Pimpinella grinste. „Weiß ich doch schon alles. Wir sind uns im Piratenschiff zufällig über die Flossen geschwommen und zusammen hergekommen. Sie wollten die Katzenhaie nur schnell in den Stall bringen, weil die erst mal was zu fressen kriegen sollen." Sie weidete sich an den verblüfften Blicken ihrer Freundinnen.
„Ach, und eine tolle Überraschung haben wir auch noch mitgebracht." Sie machte eine kleine Kunstpause. „Den Schatz der Piraten!"
Die Meermädchen kreischten wie verrückt los und schrien alle durcheinander.
„Ach bitte, bitte, zeig uns, was ihr gefunden habt!"
„Sind es Goldstücke oder Edelsteine?"
„Ist auch eine Schatzkarte dabei?"
„Ketten und Ringe?"

Pimpinella schüttelte bei jeder Frage grinsend den Kopf. „Viel, viel besser“, verriet sie schließlich. „So super, dass ihr es euch gar nicht vorstellen könnt!“

Nick und Floris hatten sich unbemerkt angeschlichen. „Wooooooahhhh!“ Sie erschreckten die Mädchen mit lautem Gebrüll. „Hey, kommt mit! Wir packen den Schatz aus.

Die Vasenschwämme liegen noch im Stall!", riefen sie und paddelten bereits los.
Staunend drängelten sich die Meermädchen um die Luftschlangen, Tröten, das Konfetti und die meterlangen bunten Girlanden. Pimpinella erklärte allen geduldig, was man mit diesen Sachen alles machen konnte. „Wir sollten gleich loslegen und Wasser in die Luftballons füllen. Und dann dekorieren wir die Bühne damit."
„Toll!", sagte Mari mit glänzenden Augen und wand sich eine Luftschlange um ihre Igelfrisur. „So was hat sonst niemand auf dem Meeresgrund. Jetzt kann die Party wirklich losgehen!"

Maskenball am Meeresgrund

Nachdem auch der letzte Ballon mit Wasser gefüllt war, musste nur noch das Büfett aufgebaut werden.
Doch plötzlich ging ein ängstliches Raunen durch die Fischmenge. Maja zwängte sich mitten in die Gesellschaft und warf sogleich ein paar mit Wasserrosen gefüllte Vasenschwämme um.
„Oh Gott, oh Gott!“, rief sie schockiert und versuchte, die Vasen hektisch wieder aufzustellen. Dabei fegte sie versehentlich eine Muschelschale mit Seegras-Pudding auf den sandigen Boden. Sie patschte mit einem Bein in die klebrige Masse und führte dieses zum Maul. „Lecker! Davon könnte ich gleich noch mehr essen.“ Sie schmatzte gierig.
Auf Majas Rücken, in weichen Haarflaum eingebettet, saß Meister Astyx. Er wirkte sehr entspannt, als er sich aufrichtete und zu blubbern begann. „Guten Tag allerseits!“, sagte er mit leiser, aber fröhlicher Stimme. „Meine liebe Freundin Maja hat mich doch noch zu einem kleinen Ausflug überreden können. Ich hoffe, wir kommen nicht ungelegen.“
Pimpinella schoss erleichtert herbei. „Meister Astyx! Herzlich willkommen. Toll, dass Sie doch noch gekommen sind.

Herr Grünbart ist bestimmt bald wieder da. Er holt gerade noch meine Mama von *oben* ab."
Ein paar hilfsbereite Seeigel aus dem Atlantik, die der Blindfisch noch von ganz früher kannten, halfen ihm von Majas Rücken und versprachen, ihm Gesellschaft zu leisten, bis der Wassermann auftauchte.
Also konnte sich Pimpinella wieder dem Büfett zuwenden. Dieses war eine echte Wucht! Der Kugelfisch-Koch hatte sich nicht lumpen lassen. Es gab nichts, was es nicht gab.
Allerdings stellten sich Pimpinellas Fischschwanzschuppen so senkrecht auf wie Gänsehaut, als sie das Essen inspizierte.
Die Speisekarte war sicherlich ein Gedicht für Meeresbewohner. Für halbe Landeier war nichts Leckeres dabei.
Schneckentorte mit Igelquarkfüllung.

Wasserlilienwurzeln mit Anemonenpunsch.
Karamellisierte Wasserspinnen aus der Südsee.
Mit gerösteten Fischeiern gefüllte Muscheln.
Wasserspinnenchips zum Knabbern für zwischendurch.
Und zu trinken:
Haifischblutlikör für die Lehrer.
Frisch gepresster Wasserrosensaft für die Kinder.
Seeigelmilch für die Kleinen.
Frischer grüner Tangsaft für besonders Durstige.
Pimpinella seufzte. Vermutlich würde sie wieder nur Wasserrosensaft trinken und Wasserrosenblätter und Wasserrosenstängel knabbern. Warum kochte der doofe Kugelfisch nicht auch mal etwas Appetitliches für sie?

„Hallöchen!“ Plötzlich tippte ihr ein Fischmaul auf den Rücken. Es war Herr Ritter, der in seinem Fledermaus-Kostüm wie ein Edelmann aussah. „Noch einmal vielen Dank für die Einladung.“ Er zwinkerte ihr verschwörerisch zu.
Der Ritterfisch hielt Frau Fledermaus an der Flosse. Sie hatte vor Aufregung ganz rosa Schuppen. „Echt lieb von dir, dass du Lanzelot überredet hast mitzukommen, Pimpinella. Er ist

ja sonst ein richtiger Stubenhocker und schwimmt nicht viel vor die Muschel. Das vergesse ich dir nie.“ Sie kicherte wie ein Jungfisch. „Komm, Lanzelot, wir suchen uns ein schönes Plätzchen zum Essen!“

Plötzlich spielten die Flötenfische, die bereits auf der geschmückten Bühne Platz genommen hatten, einen kräftigen Tusch. Die Lampenfische leuchteten heller als ein Sonnentag an Land, und der Vampirfisch Thomas spuckte ein rosa Herz nach dem anderen unter die gespannten Gäste. Die Piratengirlanden aus der Schatztruhe und die vielen Luftschlangen sahen in diesem Licht einfach toll aus.

Die Musik verstummte. Das weiße Licht wechselte in ein Dunkellila. Die Leuchtfische gaben heute wirklich alles. Alle guckten gespannt, was gleich passieren würde.

Frau Pataria betrat die Bühne, Arm in Arm mit Professor Patros, dem Schuldirektor des Felseninternats. Sie hatten beide das gleiche Kostüm gewählt und sahen aus wie zwei ineinander verschlungene Riesenkrabben.

Die Zuschauer schrien vor Entsetzen laut auf.

Amanda und Amadeus drückten sich furchtsam ganz eng an Pimpinella. „Hoffentlich sieht der Herr Direktor in der Schule nicht auch so gruselig aus“, flüsterte Amanda. Ihre Stimme zitterte ein wenig.

Pimpinella drückte beruhigend ihre Hand. „Keine Angst. Die zwei sind eigentlich ganz harmlos. Sie tun nur immer gerne so, als wären sie fiese Wassermonster.“

Die beiden Schulleiter verbeugten sich und Frau Pataria

lächelte zufrieden. Bestimmt war sie der Meinung, dass sie mit diesem Kostüm den Preis gewinnen würde, der für die allerbeste Verkleidung ausgeschrieben war – die silberne Wasserrose, eine wunderschöne Anstecknadel.
„Herzlich willkommen!“, sagte sie und winkte huldvoll mit ihrer Hand. „Das Büfett ist eröffnet.“
„Frau Pataria denkt immer nur ans Essen“, flüsterte Effi abfällig. „Alles andere ist ihr egal. Nicht einmal auf dem Sommerfest bringt sie ein paar nette Worte über ihre Lippen.

Schließlich haben wir alle geschuftet wie die Putzerfische, damit es eine tolle Party wird.“
Im gleichen Moment gab es einen weiteren Tusch und Thomas begann wieder rosa Herzen zu spucken, als würde er dafür mit Sanddollars bezahlt.

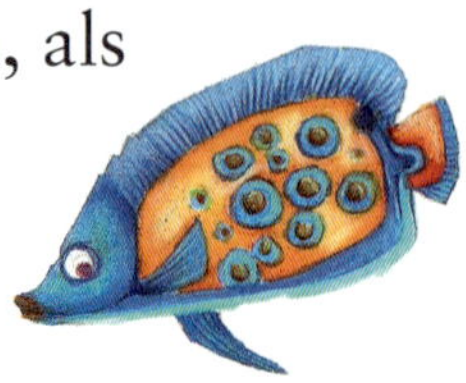

Diesmal wechselte die Farbe des Lichtes in ein zartes Sonnengelb.
Wassermann Grünbart betrat die Bühne, setzte sich auf einen Muschelsessel und winkte eine wunderschöne Frau mit langem rotem Haar und einem weißen Kleid, das ganz mit silbernen Sternen besetzt war, zu sich. „Es ist mir eine große

Ehre“, sagte er und seine Stimme zitterte ein wenig, „dass ich nach sehr langer Zeit einen seltenen Gast in unserem Muschelschloss begrüßen darf. Rufen wir gemeinsam der wunderschönen Lorelai, Tochter des Wasserkönigs und Mutter von Pimpinella Meerprinzessin, ein fröhliches Willkommen zu.“

Lorelai lächelte glücklich und winkte in den Zuschauerraum. „Besonders freue ich mich natürlich, dass ich heute zusammen mit meinem Apfelbäckchen feiern kann. Meine süße Tochter fehlt mir so sehr!“

„Mami!“, rief Pimpinella und stürmte auf die Bühne. „Hier bin ich!“

Sie umarmte ihre Mutter so fest, dass beiden die Luft wegblieb. Aber sie wollten sich gar nicht mehr loslassen. Und dann weinte Pimpinella einfach eine kleine Runde. So sehr hatte sie sich nach ihrer Mama gesehnt.

Die Gäste klatschten und jubelten wie verrückt. Und der Wassermann Grünbart strahlte so, als ob er gleich platzen würde vor Glück.

Die Flötenfische spielten eine zarte Melodie an. Madame Karma erschien mit ihren Tänzerinnen und den Delfinen auf der Bühne. Sie umtanzten Lorelai und Pimpinella mit sanften Wellenbewegungen und alle Gäste schunkelten versonnen mit.

Nur Frau Pataria guckte so schlecht gelaunt wie eine gammelige Miesmuschel. Da nützte es auch nichts, dass Professor Patros seinen stacheligen Krabbenarm um sie schlang.

Und die silberne Wasserrose?
Die gewann an diesem Abend die schönste und netteste Meerjungfrau von allen: Pimpinellas Mama Lorelai.
Frau Pataria war deshalb stinksauer. Sie schoss wütend aus dem Muschelsaal und legte sich schmollend ins Bett. Aber das fiel überhaupt niemandem auf.
Denn schließlich gab es an diesem Abend Wichtigeres.

Usch Luhn wurde 1959 geboren und wuchs in der Steiermark in Österreich auf. Schon als Kind hat sie sich unheimlich gerne Geschichten ausgedacht. Nach dem Abitur zog sie nach Berlin und studierte Kommunikationswissenschaften. Danach arbeitete sie beim Radio und beim Kinderfernsehen. Schließlich fing sie an, längere Texte zu schreiben und machte noch eine Ausbildung zur Drehbuchautorin und Filmdramaturgin. Sie wohnt abwechselnd in Berlin und Ostfriesland. Dort sind auch alle ihre Geschichten über die kleine Meerprinzessin Pimpinella entstanden. „Hier ist es nämlich so schön ruhig, dass ich wunderbar Bücher schreiben kann“, sagt sie.

© privat

Betina Gotzen-Beek wurde 1965 in Mönchengladbach geboren, hat Malerei und Grafik-Design studiert und lebt mit Mann und Kind in Freiburg. „Ich habe Glück gehabt mit meinem Beruf und ich kann mir keinen schöneren vorstellen“, sagt sie über ihre Arbeit. Seit 1996 erfindet sie täglich Bilderwelten, die sich um Geschichten ranken. Da Betina Gotzen-Beek ganz Europa bereist hat, ist das Abtauchen in Pimpinellas Unterwasserwelt ihre leichteste Übung. „Fantasie, die alles Mögliche möglich macht, das erwarte ich heute von Büchern und ich hoffe, dass ich mit meinen Bildern vielen Kindern – und auch den Großen – Freude mache!“